ストーリーで楽しむ

聞き流し 5分英会話

英語と日本語が
交互に流れる
倍速音声付

JN039819

KADOKAWA

はじめに

あなたは初めて英語に興味を持ったときのことを
覚えていますか？

理由もなく、英語に、英語を使った世界に
憧れていたことはありませんか？

いつの日か、日本を抜け出して
もっと大きな世界で活躍してみたい、
あるいは、洋楽が歌いたい、
洋画を字幕なしでわかるようになりたい、
英語が話せたらかっこいい、
などと漠然と思ったことはないですか？

でもいざ、英語を学習してみたら
英語が聞こえず話せず、自信がなくなってしまい、
そんな夢が遠くのものに
なってしまいませんでしたか？

本書で、再出発しましょう！

本書の音声を聞き流すだけで
誰でも英語を理解できるようになります。

音声は英語と日本語が交互に流れます。

私が、日本のほか、韓国とオーストラリアで
特許を取得しているこのメソッドには、
英語を戻らずに
読み・書き・聞く・話すことができる
独自の訳し方があります。

このやり方で音声を聞けば
ネイティブと同じように、英語の語順で
英語がわかるようになります。

そして、この語順でわかるようになったら
その思考回路を定着させるために、
2倍速であなたの脳に刷り込んでいきます。

速いスピードだと、人間の脳は潜在意識が働いて
どんどん記憶に残っていきます。
これは脳科学的にも証明されています。

英会話や実用英語は瞬時に応答できないと
使い物にならないのですが、2倍速の高速リスニングで、
「英語の瞬発力」も養います。

そもそも、英会話や実用的な英語力を身につけるには、
学校英語とは全く違った
新しいメソッドで学習する必要があります。

日本の学校英語では、英語を一文ずつ訳して
理解していきます。

でも、あなたも知っているように、
英語と日本語の語順は全く違います。

英語を英語で理解できる本書の音声を
1日5分でいいので、毎日聞き流してください。

本書は皆さんが楽しく続けられるように
ストーリー構成になっています。

主人公は日本で平凡な会社員をしていたミサキ。
以前から心に秘めていたアメリカへの留学を決行します。

ホストファミリーとの生活、学業、
ニューヨークへの旅行、恋人との日々。

ミサキは、新しいことに挑戦しながら
日本にいたときよりも、より積極的で
自分を表現できる人間へと成長していきます。

私は、日本ではとても引っ込み思案だった方が、
海外で影響を受けて人生を変えた事例を数多く見てきました。
ぜひミサキのストーリーもお楽しみください。

また、本書は今までの執筆経験を生かして、
日常生活やアカデミックな学習だけでなく
TOEIC®や TOEFL®などのテストに役立つ
ボキャブラリーをできるだけ数多く取り入れました。

これによって、あなたの英語力のみならず、
英語能力試験のスコアも、大きく向上するはずです。

本書が、あなたの英語力を飛躍的に高め
目標を達成していく一助になれば、
私にとって、この上ない喜びです。

令和 6 年 2 月吉日

英語高速メソッド® アカデミー・代表
笠原 禎一 MBA / MA in ELT

高速メソッド
とは?!

　本書は日本・韓国・オーストラリアで特許を取得している「高速メソッド」という学習法を使用して学習します。

　このメソッドは2つの大きな柱から成り立っています。

❶ 笠原訳

英語の語順のまま理解できるようになる

❷ 5ステップ・リスニング

英語を理解する瞬発力を身につける

↓

英語の語順のままネイティブのように
理解できるようになる

細かくそれぞれの柱を説明していきますね。

❶ 笠原訳

　多くの人が「英語を話せない」「英語が難しい」と思うことの一番大きな原因は、「英語の語順が身についていない」ことにあります。

逆に言えば、「英語の語順を身につける」ことができれば、「英語は決して難しくはない」ということです。もちろん、語順が身についていれば、英語を自由に使いこなすこともできるようになるのです。

実は英語と日本語の大きな違いは、英語は語順重視、日本語は助詞重視であることです。

それでは語順を変えるとどのようになるのか、英語と日本語でそれぞれ見ていきましょう。

> 英語：Emily knows Mike.
> 日本語：エミリーは、マイクを知っている。

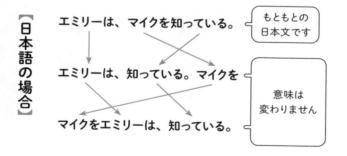

【英語の場合】

Emily knows Mike. — もともとの英文です

Knows Mike Emily. — 意味が通じません

Mike knows Emily. — 「マイクが、エミリーを知っている」という異なる意味の文です

このように英語は、語順が変われば、意味をなさなくなったり、意味が変わったりしてしまいます。

【日本語の場合】

エミリーは、マイクを知っている。 — もともとの日本文です

エミリーは、知っている。マイクを

マイクをエミリーは、知っている。 — 意味は変わりません

いかがでしょうか。日本語の場合は、語順が違っても、意味は変わらないし、理解するには問題ありませんね。

なぜ、日本語は、話す順番を変えても意味が変わらず、通じるのでしょうか?

それは、日本語には、「助詞」があるからです。助詞「て・に・を・は・が・か…」などが、その単語の文中での役割をしっかりと表しているので、文節ごとに語順を変えても、意味を取るうえで、ほとんど支障がありません。つまり、日本語では助詞の役割が大変大きいことがわかります。「英語は語順が大事、日本語は助詞が大事」ということが言えますね。

今までの学校教育は、日本語に訳す、すなわち、英語を日本語の語順に置き換えて、理解しようとしていましたね。でも、それは全く意味がありません。そうではなく、語順を変えても大丈夫な日本語を、英語の語順に並べて理解すれば、英語は簡単に理解できるのです。

このように、笠原メソッドの1つ目の柱は、「英語を英語の語順のまま理解すること」です。そのために、以下のような「笠原訳」という特殊な日本語訳を使います。

【笠原訳の例】

> I'm looking for 私は探しています a jacket ジャケットを that goes well そしてそれが良く合っている with my new handbag 私の新しいハンドバッグと ／

※「笠原訳」では、文の切れ目をわかりやすくするために、1文の終了時には、／で区切ります。

この「笠原訳」という英語を英語の語順で理解するための日本語訳は、英語を戻らないで解釈する、つまり、日本語の順番に並び替えないで理解するために必要不可欠な日本語訳です。

② 5ステップ・リスニング

2つ目の柱は、「瞬発力」と高速記憶で身につける「5ステップ・リスニング」です。このリスニング法は、英文および英文に「笠原訳」を挿入したものを、「通常のスピード」と「通常の約2倍の高速」を組み合わせた5段階のステップでリスニングするというものです。

これによって、「理論的にわかる」というレベルをはるかに超える「英語の瞬発力」が、自然と身につきます。つまり、英語を日本語を介さずに自由自在

に読み・書き・聞く・話すための実践力がついていくのです。

　また、高速でリスニングをすることによって、集中力が研ぎ澄まされるため、ボキャブラリーや英語の語順が効率よく身につきます。

　それでは実際に5ステップ・リスニングを体験してみましょう。以下の本書のあらすじを音声で聞いてみてください。

 summary（あらすじ）

This is a tale これはお話です about a Japanese girl, Misaki 1人の日本人女性ミサキについての who leaves 彼女は出発します Japan 日本を to study 勉強するために at a college カレッジで in Los Angeles. ロサンゼルスの ／

While she studies 彼女が勉強している間 at the college, そのカレッジで、 she has 彼女は持ちます precious times 貴重なときを、 with her friends, 彼女の友人とともに、 exciting trips エキサイティングな旅行を to New York, ニューヨークへの、 and そして even a sweet romance 甘いロマンスさえも、 with a boy, Andrew. 1人の男性、アンドリューとの ／

Although they part ways 2人は道を違えるけれども when she returns ミサキが帰るときに to Japan, 日本に、 their hearts remain connected 彼らの心は繋がっています across the ocean. 海を超えて ／

Back home, 帰国後、 Misaki starts ミサキは始めます her own company 彼女自身の会社を using her Los Angeles lessons 彼女のロサンゼルスでの学びを生かして to make a difference. 変化をもたらすために ／

5ステップは以下のステップで成り立っています。

1st step

「英文のみ」をノーマルスピードで聞きます

目的：初めて聞いた英語をどれくらい理解できるかチェックします。

2nd step

「英文+笠原訳」をノーマルスピードで聞きます

目的：1st step で難しいと思ったところを、笠原訳と一緒に聞くことで理解を深めます。

3rd step

「英文+笠原訳」を高速スピードで聞きます

目的：笠原訳を用いて、高速に英語の語順で理解する訓練をします。これにより、学習者の集中力・記憶力は飛躍的に高まるので、英語の語順や必要なボキャブラリーが、生きた知識としてどんどん身につきます。

4th step

「英文のみ」を高速スピードで聞きます

目的：笠原訳の補助なしで、すらすらと英語が入ってくるのを感じることができます。慣れてきたら、日本語を解さずに英語でわかるのが自覚できるようになります。

5th step

「英文のみ」をノーマルスピードで聞きます

目的：1st step と同じですが、意味もよくわかるようになりますし、初めは「速いなあ」となかなかついていけなかった英語が「遅いなあ」と感じると思います。この段階で自分が学習したボキャブラリーや知識の定着をチェックし、自信をつけることができます。

高速メソッドの英語上達チャート

英語を日本語に訳して考えてしまう

英語を英語の語順で考える

「笠原訳」という、英語を日本語の語順に置き換えなくても
無理なく理解できる日本語訳を使う

瞬時に英語に反応できる瞬発力を養うと
同時に、英語の構文力とボキャブラリーを
効率よく身につける

「5ステップ・リスニング」でトレーニング

「スピーキング回路」を構築する

「5ステップ・リスニング」で身につけた英語力が
スピーキングでもどんどん発揮されるようになる

これでメソッドの概要は何となく理解いただけたかと思います。あとは「習うより慣れろ」ということで、音声を聞けばすぐに感覚を掴んでもらえると思いますので、早速音声を聞いてみてください。

本書の使い方

◆本書は7つの EPISODE 、109 の Unit から構成されています。

◆1つの音声に5ステップ・リスニングが一通り収録されています。

◆まずは、本を見ないで音声を聞いてみてください。

◆適宜、イラストやボキャブラリーを参考にしてください。

001

Getting Ready for My New Life 1

Words and Phrases

☐ You know. : あのね。　☐ quit : 辞める（過去形、過去分詞形も同形）
☐ leave : 出発する　☐ move to ~ : ～に引っ越す　☐ nobody knows :
誰も知らない　☐ who I am : 私がだれであるのか　☐ amazing : 素敵な
☐ be concerned about ~ : ～を心配している　☐ a bit : 少し
☐ I'm sure : 確信している

023

◆ページをめくると、スクリプトが掲載されています。

◆音声番号は前のページと同じです。

◆音声を聞きながらスクリプトを確認してください。

◆音声はアプリやダウンロードで聞けます。電車の中・料理中・散歩中など、聞き流しながら楽しんでください。

新しい人生へ向けて 1

You know. あのね ／ Today, 今日 I quit 私は辞めたの my job 私の仕事を to start my new life. 私の新しい人生を始めるために ／

I know. 知ってる ／ It's それはあるわね a big decision. 大きな決断を ／ What made 何がしたの? you decide あなたが決めることを to quit? 辞めることを ／

Well... ええと… ／ I've wanted to live 私はずっと住みたかったの abroad 海外に since I was 私があったときから in junior high. 中学生で ／ It's always been それはいつもあったのよ my dream. 私の夢で ／

When いつ are you going to leave? 出発するの? ／

I'm leaving 私は出発するわ next month. 来月 ／

Where どこに are you going to go? あなたは行くつもりなの? ／

I'm going to move 私は引っ越すの to Los Angeles ロサンゼルスに where そこでは nobody knows 誰も知らないのよ who I am. 私が誰なのかを ／ Isn't that amazing? それって素敵らしくない? ／

Yeah, ええ it's それはあるわね amazing, 素晴らしく, but でもね I'm a bit concerned 私は少し心配しているのよ about you. あなたを ／ Aren't you worried あなた心配じゃないの? about anything? 何かが? ／

No, not really. いいえ、全然 ／ I'm actually excited 私は実は興奮している about it. それに ／ I'm sure 私は確信している it's going to be それがなるってことを a wonderful adventure! 素晴らしい冒険に! ／

024

もくじ

EPISODE 1
Flying to LA ロサンゼルスへ　021

EPISODE 2
Introductions & Describing Japan
自分や日本のことを紹介　043

EPISODE 3
Spring 春 067

EPISODE *4*
Summer 夏 107

EPISODE **5**
College Excursion in NY
ニューヨークの修学旅行　147

EPISODE **6**

Autumn 秋

音声DLの方法

　私の書籍で学んでいただくには、音声が欠かせません。今までの私の拙著でのオーディオは、CD で提供されていましたが、より学習しやすくするために、PC ダウンロードやアプリでの提供になりました。スキマ時間に自由自在に、気軽に音声を聞いてください。

1 パソコンで音声データをダウンロードする場合

https://www.kadokawa.co.jp/product/322303001378/

［ユーザー名］**kikinagashi** ［パスワード］**story_5min**

　上記のＵＲＬへアクセスいただくと、データを無料ダウンロードできます。「ダウンロードはこちら」という一文をクリックして、ユーザー名とパスワードをご入力のうえダウンロードし、ご利用ください。

【注意事項】
- ●ダウンロードはパソコンからのみとなります。携帯電話・スマートフォンからのダウンロードはできません。
- ●音声は mp3 形式で保存されています。お聴きいただくには、mp3 で再生できる環境が必要です。
- ●ダウンロードページへのアクセスがうまくいかない場合は、お使いのブラウザが最新であるかどうかご確認ください。また、ダウンロードする前に、パソコンに十分な空き容量があることをご確認ください。
- ●フォルダは圧縮されていますので、解凍したうえでご利用ください。
- ●本ダウンロードデータを私的使用範囲外で複製、または第三者に譲渡・販売・再配布する行為は固く禁止されております。
- ●なお、本サービスは予告なく終了する場合がございます。あらかじめご了承ください。

2 スマートフォンで音声を聴く場合

　ご利用の場合は、QR コードまたは URL より、スマートフォンに abceed のアプリ（無料）をダウンロードし、本書を検索してください。

https://www.abceed.com/

※abceedは株式会社Globeeのサービスです（2024年1月時点）。

Flying to LA

ロサンゼルスへ

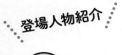
登場人物紹介

Misaki
本書の主人公

Mai
ミサキの日本の友達

001

Getting Ready for My New Life 1

Words and Phrases

☐ **You know.**：あのね。　☐ **quit**：辞める（過去形、過去分詞形も同形）
☐ **leave**：出発する　☐ **move to ～**：～に引っ越す　☐ **nobody knows**：
誰も知らない　☐ **who I am**：私がだれであるのか　☐ **amazing**：素敵な
☐ **be concerned about ～**：～を心配している　☐ **a bit**：少し
☐ **I'm sure**：確信している

新しい人生へ向けて 1

You know. あのね ／ Today, 今日 I quit 私は辞めたの my job 私の仕事を to start my new life. 私の新しい人生を始めるために ／

I know. 知ってる ／ It's それはあるわね a big decision. 大きな決断で ／ What made 何がしたの？ you decide あなたが決めることを to quit? 辞めることを ／

Well... ええと… ／ I've wanted to live 私はずっと住みたかったの abroad 海外に since I was 私があったときから in junior high. 中学生で ／ It's always been それはいつもあったのよ my dream. 私の夢で ／

When いつ are you going to leave? 出発するの？ ／

I'm leaving 私は出発するわ next month. 来月 ／

Where どこに are you going to go? あなたは行くつもりなの？ ／

I'm going to move 私は引っ越すの to Los Angeles ロサンゼルスに where そこでは nobody knows 誰も知らないのよ who I am. 私が誰なのかを ／ Isn't that amazing? それって素晴らしくない？ ／

Yeah, ええ it's それはあるわ amazing, 素晴らしく, but でもね I'm a bit concerned 私は少し心配しているのよ about you. あなたを ／ Aren't you worried あなた心配じゃないの？ about anything? 何か？ ／

No, not really. いいえ、全然 ／ I'm actually excited 私は実は興奮している about it. それに ／ I'm sure 私は確信している it's going to be それがなるってことを a wonderful adventure! 素晴らしい冒険に！ ／

002

Getting Ready for My New Life 2

Words and Phrases

☐ **pack**：物をバッグやスーツケースに入れる　☐ **not yet**：まだ　☐ **so far**：今のところ　☐ **air ticket**：航空券　☐ **acceptance letter**：合格通知（"Letter of Acceptance"ともいう）　☐ **make sure to ...**：忘れずに…する　☐ **add A to B**：AをBに足す

新しい人生へ向けて 2

Have you packed 荷造りした？ **everything?** 全てを ／

No, いいえ **not yet,** まだ **but** でも **it seems to be alright** それは大丈夫そう **so far.** 今のところ ／ **I have** 私は持っている **my passport** 私のパスポートを **with my student visa, my air ticket, and the address and phone number of my host family.** 私の学生ビザ、航空券、そして私のホストファミリーの住所と電話番号も一緒に ／

Oh, ああ **don't forget** 忘れないで **the acceptance letter** 入学許可書を **from the college** 大学からの **where** そしてそこで **you'll study** あなたは勉強するのよ **Business** ビジネスを **in the US.** アメリカで ／

Right, そうね **the acceptance letter is** 入学許可書はある **really important.** 本当に重要で ／ **I'll make sure to put** 私は確かに入れるわ **it** それを **in my bag.** バッグに ／

Do you have あなたはあるの？ **a plan** 計画が **for your mobile phone?** あなたの携帯電話の ／

Yes, はい **I'll get** 私は手に入れるつもり **an international SIM card** 国際SIMカードを **so I can stay connected.** そうしたら繋がり続けることができる ／ **I'll add** 私は足しておく **that** それも **to my checklist too.** 私のチェックリストに ／

003

On the Airplane 1

Words and Phrases

☐ **May I ...?**：…していただけませんでしょうか？　☐ **boarding pass**：搭乗券　☐ **be seated**：座っている　☐ **middle section**：中央の席
☐ **window seat**：窓側の席（通路側の席はaisle seat）　☐ **possibility**：可能性　☐ **available**：利用可能な　☐ **assist**：助ける（helpよりもフォーマル）
☐ **luggage**：手荷物

飛行機で移動 1

Good afternoon, こんにちは、**welcome aboard.** ご搭乗いただきありがとうございます ／ **May I see** 見せていただけますか？ **your boarding pass,** あなたの搭乗券を、**please?** お願いします ／

Sure, もちろん、**here you go.** はいどうぞ ／

Thank you. ありがとうございます ／ **You are seated** あなたはご着席になられます **in row 12, seat C.** 12列のC席に ／ **It's** それはあります **in the middle section.** 中央のエリアに ／

Oh, ああ、**I was hoping** 私は希望していました **for a window seat.** 窓側の席を ／ **Is there** そこにはありますか？ **any possibility** いくらかでも可能性が **of changing?** 変更の ／

Let me check 私に確認させてください **for you.** あなたのために ／ **Yes,** はい、**there's** そこにはあります **an available window seat** 利用可能な窓際席が **in row 14, seat F.** 14列のF席に ／ **Would you like** あなたはお望みですか？ **to move** 移動することを **there?** そちらに ／

That would be great! それは素晴らしいです！ ／ **Thank you so much.** 本当にありがとうございます ／

You're welcome. どういたしまして ／ **Let me assist** 私にお手伝いさせてください **you** あなたを **with your luggage.** あなたのお荷物の ／ **Please** お願いします **follow** ついてきてください **me** 私に **to your new seat.** あなたの新しい座席まで ／

Thank you ありがとうございます **for your help.** あなたのお手伝いに ／

004

On the Airplane 2

Words and Phrases

☐**be about to...**：もうすぐ…する　☐**fasten**：締める　☐**tray table**：トレイテーブル　☐**stow**：収納する、しまう、片付ける　☐**There you go.**：さあどうぞ。　☐**securely**：安全に　☐**embarkation card**：出入国カード　☐**fill out**：記入する（通常はフォームに）　☐**provide**：提供する　☐**further assistance**：さらなる助け、追加の援助

飛行機で移動 2

🔵 **Ladies and gentlemen,** 紳士淑女の皆様、 **we are about to take off.** 私たちはこれよりすぐに離陸いたします ／ **Please** お願いします **fasten** 締めてください **your seat belts** あなたのシートベルトを **and** そして **make sure** 確実にしてください **your tray tables are stowed.** あなたのトレイテーブルが収納されていることを ／

🟤 **Excuse me,** すみません、 **I'm having** 私は持っています **trouble** 問題を **fastening** 締めるのに **my seat belt.** 私のシートベルトを ／ **Could you help me?** お手伝いいただけますか？ ／

🔵 **Of course,** もちろんです、 **let me help** お手伝いをさせてください **you** あなたを **with that.** それの ／ **There you go,** さあどうぞ、 **it's** それはあります **securely fastened** 安全に締まって **now.** 今 ／

🟤 **Thank you.** ありがとう ／ **Also,** それから **I have** 私は持っています **this embarkation card** この出入国カードを **to fill out.** 記入すべき ／ **Could you please provide** 貸していただけますでしょうか？ **me** 私に **with a pen?** ペンを ／

🔵 **Certainly.** もちろんです ／ **Here's a pen** こちらにペンがございます **for you.** あなたのために ／ **Let me know** 私に教えてください **if you need** もしもあなたが必要でしたら **any further assistance.** 何かさらにお手伝いが ／

005

On the Airplane 3

🔊
005

Words and Phrases

☐**thirsty**：のどが渇いた　☐**I appreciate it.**：本当に感謝します。（Thank you so much.ととても近い意味。itにyouなどの人を入れることはできない）

☐**headache**：頭痛　☐**painkiller**：痛み止め　☐**take**：（薬を）飲む（日本語では薬を「飲む」と言うが、take some medicine「薬を飲む」のように、英語ではtake「取る」を使う）　☐**relief**：軽減

Is everything 全てはありますか？ alright, miss? 大丈夫で、お客様？

I'm feeling 私は感じています quite cold. とても寒く ／ Do you have あなたはお持ちですか？ any blankets available? いくらかの利用可能な毛布を ／

Certainly, かしこまりました、let me bring 私に持ってこさせてください you あなたに a blanket 毛布を to keep you warm. あなたを温かく保てる ／

Thank you so much. 本当にありがとうございます ／ Also, それから、I'm feeling 私は感じています a bit thirsty. すこし喉が渇いて ／ Could you please bring 持ってきていただけますでしょうか？ me 私に a cup of tea? 一杯のお茶を ／

Of course, もちろんです、I'll bring 私はお持ちします that それを right away. 今すぐに ／

I appreciate 私は本当に感謝します it. それに ／ By the way, ところで、I have 私は持っています a headache. 頭痛を ／ Do you have あなたはお持ちですか？ any painkillers いくらかの痛み止めを I could take? 私が飲める ／

Yes, はい、we have 私たちは持っています some basic pain relief medicine. いくらかの基本的な痛みを軽減する薬（鎮痛剤）を ／ Let me bring 私にお持ちさせてください that それを for you あなたに as well. その上 ／

006

At the Immigration Counter

Words and Phrases

☐ **I'll be staying**：私は滞在するつもりです（単純未来形よりも未来進行形のほうが、ドライブ感が出る）　☐ **purpose**：目的　☐ **Here's 〜**：こちらに〜があります（相手に指し示すときに有効）　☐ **Enjoy 〜**：〜を楽しんでください（レストランでウェイターが、Enjoy your meal!「あなたの食事を楽しんでね」と言うが、実際の意味は「さあ、召し上がれ！」）

入国審査

🧑 May I see 見てもよろしいですか？ your passport, あなたのパスポートを please? お願いします ╱

👩 Here you are. はい、どうぞ ╱

🧑 Thank you. ありがとうございます ╱ How long どのくらい長く are you going to stay あなたは滞在する予定ですか？ in the United States? アメリカ合衆国に ╱

👩 I'll be staying 私は滞在するつもりです for two years. 2年間 ╱

🧑 What's 何ですか？ the purpose その目的は of your visit? あなたのご訪問の ╱

👩 I'm 私はいます here こちらに for my education 私の教育のために as an international student. 留学生として ╱ I'll be studying 私は勉強するつもりです at a college 大学で in Bel Air, Los Angeles. ロサンゼルスのベルエアーにある ╱

🧑 Could you show 見せていただけますか？ me 私に the address その住所を where そこに you'll be staying? あなたが滞在する予定の ╱

👩 Certainly. かしこまりました ╱ Here's the address こちらが住所です of my host family's place 私のホストファミリーの場所の in Los Angeles. ロサンゼルスの ╱

🧑 Thank you. ありがとうございます ╱ Enjoy 楽しんでくださいね your studies! あなたの勉強を！ ╱

007

Customs

Words and Phrases

- [ ] **declare**：宣言する、申告する　[ ] **inside**：内側　[ ] **personal belongings**：個人の持ち物　[ ] **backpack**：バックパック　[ ] **carry-on bag**：機内持ち込み手荷物　[ ] **laptop**：ノートパソコン（ノートパソコンは和製英語）　[ ] **snack**：おやつ　[ ] **travel document**：旅行書類　[ ] **wallet**：財布

税関で荷物チェック

Do you have あなたは持っていますか？ **anything** 何かを **to declare?** 申告するべき ／

No, いいえ、 **I don't have** 私は持っていません **anything** 何も **to declare.** 申告するべき ／

Alright, 了解です、 **thank you.** ありがとうございます ／ **Could you please open** 開けていただけますか？ **your suitcase** あなたのスーツケースを **and** そして **show** 見せてくださいますか？ **me** 私に **the inside?** 中身を ／

Sure, はい、 **here you go.** どうぞ ／ **In my suitcase,** 私のスーツケースの中には、 **I have** 私は持っています **clothes, shoes, and personal belongings.** 洋服、靴そして個人の持ち物を ／

Thank you. ありがとうございます ／ **What about your backpack and carry-on bag?** あなたのバックパックと手荷物のバッグはどうですか？ ／

In my backpack, 私のバックパックの中には、 **I have** 私は持っています **my laptop, books, and snacks.** ノートパソコンや本、そしておやつを ／ **In my carry-on bag,** 私の手荷物のバッグには **I have** 私は持っています **my travel documents and wallet.** 私の旅行書類と財布を ／

Excellent. 良いですね ／ **Thank you** ありがとうございます **for your cooperation.** あなたのご協力に ／ **Have a pleasant stay** 滞在をお楽しみください **in the United States!** アメリカ合衆国での！ ／

008

Currency Exchange

Words and Phrases

☐**currency exchange**：通貨両替　☐**exchange A into B**：AをBに両替する　☐**Japanese yen**：日本円　☐**US dollar**：米ドル　☐**calculate**：計算する　☐**Here you go.**：はい、こちらです。　☐**smaller bill**：小額の紙幣（billは「紙幣」のこと）　☐**break a bill**：お札をくずす　☐**denomination**：額面

両替をしよう

Welcome ようこそ to the currency exchange counter. 通貨両替カウンターに ／ How may I help どのようにお手伝いいたしましょうか？ you あなたを today? 今日は ／

Hi, こんにちは、I'd like to exchange 私は両替することを望みます 10,000 Japanese yen into US dollars. 1万円を米ドルに ／

Certainly, かしこまりました、let me calculate 私に計算させてくださいね that それを for you. あなたに代わって ／ Here you go, はい、こちらです $74.7 (74 dollars and 7 cents). 74.7ドルです ／ Is there ございますか？ anything else 何か他に I can help お手伝いできることは you with? あなたを ／

I just need 私はちょっと必要なのですが some smaller bills. 少額のお札が ／ Could you break くずしていただけますか？ this 20-dollar bill? この20ドル紙幣を ／

Of course, もちろんです、I can provide 私はご提供できます you あなたに with various denominations. 様々な額面を ／ How どのように would you like あなたはお望みですか？ them? それらを ／

Could I have 持ってもよろしいですか？ ten 1-dollar bills and two 5-dollar bills, please? 1ドル紙幣10枚と5ドル紙幣2枚を ／

Certainly, かしこまりました、here you are. こちらです ／ Is there ございますか？ anything else 他に何か I can help 私がお手伝いできることは you with? あなたに ／

No, thank you. いいえ、ありがとうございます ／

Column 01 　依頼表現の May I ... ?

　Unit 003に出てきたMay I ...? は、「…してもよろしいでしょうか？」という意味ですよね。これは、許可を得る表現、または、助けをオファーする表現です。もちろんこの意味で使われることもありますが、実は、May I ...?が最もよく使われるのは、**「…していただけますか？」という、お願い・依頼をする表現**なんです。それも、最も丁寧な表現として使われます。

　例えば、電話の定番表現、May I speak to ...? は「…様とお話してもよろしいですか？」という意味ですが、これは「…様をお願いします」の最も丁寧な言い方になります。レストランで、May I have a menu?だったら、「メニューを頂けますか？」の最も丁寧な言い方になります。

　では、その他の丁寧な依頼表現と比べるとどうでしょうか？
　先程の「メニューをお願いします」を、とても丁寧な表現であるCould you ...?を使って、Could you bring me a menu？というとどうでしょう。こちらも十分丁寧な言い方ですが、May I ...?にはかないません。なぜなら、「メニューを私に持って来てください」とダイレクトに言っているからです。May I ...?の方は、「ウェイターに持って来て」とは一言も言っていないのです。「私が持っても良いですか？」と許可を伺っているだけなんですから。

　なぜ、May I ... ? は、このように最も丁寧な依頼になるのでしょうか？それは、**英語は婉曲(回りくどい表現)に言うと、より丁寧になるから**なんです。英米人ははっきり言うし、敬語もないと思っている方がいるかもしれませんが、実は英語は結構はっきりと言わないほうが、丁寧と受け止められる言語であると覚えておきましょう。

　リクエストの表現を丁寧さで分類すると…
casual（日常的）　　　　　　　　　　　　　　　　　　　　　　　　　　　polite（丁寧）
Please ... / ..., please / Can I ...? ⇒ Could you ...? ⇒ Could I ...? ⇒ May I ...?
※右へ行くほど丁寧。Could you ...?で十分丁寧。

May I help you?
VS
How may I help you?

May I help you?とUnit 008に出てくるHow may I help you?との違いって何でしょうか？　これはよく聞かれるので、ここでお話しておきますね。

洋服を買いにアメリカのブティックに入って、店員さんの最初の一言目は大体、May I help you?「お手伝いしてもよろしいでしょうか？」です。

一方、アメリカの会社に電話をすると大体最初に、How may I help you?「どのようにお手伝いいたしましょうか？」と言われます。

この2つの表現、似ていますが、全然違います。

まずブティックの場面ですが、お店にお客様が入ってきただけの段階では助けを必要としているかどうかは不明です。ですのでまず、**「助けが必要ですか？」と聞く必要があります。**よって、May I help you?「お手伝いしてもよろしいでしょうか？」となります。

しかし、電話がかかってきた場合、「…と話したい」「…を問い合わせしたい」など、**何らかの助けが必要なはずです。**ですので、「どんな助けが必要ですか？」を訊く必要があり、How may I help you?「どのようにお手伝いいたしましょうか？」となります。

bill と note

アメリカでは、ドル紙幣の場合は**a bill**、イギリスでは、ポンド(pound)紙幣の場合は**a note**と普通言います。ちなみに、**円にはどちらも使えます。**千円札は、a thousand-yen bill でも良いし、a thousand-yen noteでもOKです。

また、アメリカでは、札・紙幣を**greenback**と言うことがあります。これは、アメリカのかつてのドル紙幣の裏面が、緑色であったことに由来します。

009

Meeting at the Airport

Words and Phrases

- ☐ **page**：呼び出す　☐ **be supposed to ...**：…することになっている
- ☐ **be happy to ...**：喜んで…する　☐ **meet**：会う（あたかも2本の矢がお互いにぶつかるように「会う」イメージ。友人と待ち合わせして会う場合にもよく使われる）　☐ **arrival gate**：到着ゲート　☐ **spot**：見つける
- ☐ **designated**：指定された　☐ **proceed to 〜**：〜に進む

空港で待ち合わせ

Excuse me, すみません、 could you please page 呼び出していただけますか? my host mother, Mrs. Anne Roberts? 私のホストマザーのアン・ロバーツさんを ／ We're supposed to meet 私たちは会うことになっています here at the airport. こちらの空港で ／

Of course, もちろんです、 I'll be happy to help 私は喜んでお手伝いいたします you. あなたを ／ We'll page 私たちは呼び出します Mrs. Anne Roberts アン・ロバーツさんを right away. 今すぐに ／ Where どこで would you like to meet お会いしたいですか? her 彼女と when she arrives? 彼女が到着したら ／

Let's meet 待ち合わせしましょう at the arrival gate. 到着ゲートで ／ I'll wait 私が待ちます there そこで for her. 彼女を ／ It's それはあります easier より簡単で to spot 見つけるのが each other お互いを in the designated area. 指定されたエリア内では ／

Alright, 了解しました I understand. 私はわかりました ／ I'll make an announcement 私はアナウンスいたします for Mrs. Anne Roberts アン・ロバーツさんに to proceed 進んでいただくように to the arrival gate 到着ゲートに to meet 会うために you. あなたと ／

Thank you so much とてもありがとうございます for your assistance. あなたの助けに I really appreciate 私は本当に感謝しています it. それに ／

Introductions
&
Describing
Japan

自分や日本のことを紹介

登場人物紹介

Lisa
Anne と Ian の娘

Anne
ホストマザー

Ian
ホストファーザー

Michael
カリフォルニアで出会った友達。
日本が好き

010

Welcoming Misaki to Los Angeles

Words and Phrases

☐ **welcome to 〜**：〜へようこそ　☐ **be excited to ...**：…することがとても嬉しい、…することをとても楽しみにしている　☐ **be looking forward to ...**：…を楽しみにしている　☐ **show you around 〜**：あなたに〜を案内する　☐ **souvenir**：お土産　☐ **thoughtful**：思いやりがある

ミサキ、ロサンゼルスへようこそ

Hello, こんにちは、 I'm 私はあります Misaki Sasaki. ミサキ・ササキで ／

Welcome ようこそ to Los Angeles, Misaki. ロサンゼルスへ、ミサキ ／ I'm 私はあります Anne Roberts, your host mother. アン・ロバーツ、あなたのホストマザーで ／ Just call me, ただ私を呼んでください、Anne. アンと ／ This is こちらはあります my husband, Ian, 私の夫のイアンで、and this is そしてこちらはあります my daughter Lisa. 私の娘のリサで ／

Nice to meet you, 初めまして、Anne, Ian and Lisa. アン、イアン、そしてリサ ／

Nice to meet you too, 初めまして、こちらこそ Misaki. ミサキ ／

Thank you ありがとうございます for welcoming お迎えいただき me. 私を ／ I'm excited 私はとても嬉しいです to be 居れて here in Los Angeles. ここロサンゼルスに ／

We've been looking forward 私たちは楽しみにしていたわ to your arrival. あなたの到着を ／ I'd like to show you around Los Angeles, 私はあなたにロサンゼルスを案内したい、including places like the Hollywood Sign, the Chinese Theater, and so on. 例えばハリウッドサインやチャイニーズシアターなどの場所を ／

That's wonderful. それは素晴らしいです ／ I brought 私は持ってきました some traditional Japanese souvenirs いくつかの日本の伝統的なお土産を for you. あなたたちに ／

How なんて thoughtful 思いやりがあるのでしょう of you, Misaki. あなた、ミサキは ／ We can also share 私たちもまた共有できますよ American culture and traditions. アメリカの文化と伝統を ／

011

The Grand Freshmen Welcome Party

Words and Phrases

☐ **this is 〜**：こちらは〜です（人を紹介するときの一番簡単な言い方）
☐ **Can I call you 〜?**：あなたを〜と呼んでも良いですか？ ☐ **(Just) call me 〜**：〜と呼んでください ☐ **major**：専攻 ☐ **major in 〜**：〜を専攻する ☐ **coincidence**：偶然 ☐ **specific**：特定の ☐ **focus on 〜**：〜に焦点を当てる ☐ **accounting**：会計学

新入生歓迎パーティー

I'm 私はあります Jennifer Jones, ジェニファー・ジョーンズで / and そして this is こちらはあります Katherine Wallace. キャサリン・ウォーレスで /

Hi, こんにちは I'm 私はあります Misaki Sasaki. ミサキ・ササキで / Nice to meet you. 初めましてどうぞよろしく /

Nice meeting you, too. こちらこそ、初めましてどうぞよろしく /

Can I call 私は呼んでも良いかしら？ you あなたを Jenny? ジェニーと /

Well... ええと… / Just call 呼んでね me 私を "Jenn". ジェンと /

How about you, Katherine? あなたはどう、キャサリン？ / Can I call 私は呼んでもいいかしら？ you あなたを Katie or Kate? ケイティーそれともケイトと /

Please お願いしいます call me 私を呼んで Kate. ケイトと / By the way, ところで、what's 何ですか？ your major? あなたの専攻は /

I'm majoring 私は専攻しています in business. ビジネスを / How about you? あなたはどう？ /

What a coincidence, なんて偶然 me too! 私も！ / Which specific area どの特定の分野を？ are you thinking about あなたは考えている focusing on? 焦点を当てることを /

I'm thinking of 私は考えているの taking accounting. 会計学を取ることを / What about you, あなたはどう？ Jenn? ジェン /

That's amazing! それは素晴らしいわね！ ╱ **Kate and I are also talking about** ケイトと私も話しているところなの **taking accounting.** 会計学を取ることについて ╱

 Oh, really? ええ、本当に？ ╱ **I hope** 私は望んでいる **we can be** 私たちがなることを **in the same class.** 同じクラスに ╱

> **Column 04** 名前を訊くときの会話
>
>　What's your name?を皆さん、学校で習ったと思いますが、これは**ほぼ使いません**。なぜなら、警察から尋問(interrogation)を受けているようで、失礼な訊き方になってしまうことも多いんです。
>
>　それより、自己紹介のときには、**Hi, I'm ...と自分から名乗れば、相手も、Hi, my name is ○○などと名乗ることがほとんど**です。
>
>　Hi, I'm ...とHi, my name is ...のどちらも自分の名前を伝えるときに使いますが、My name isのほうが**若干弱々しく自信のない印象を与えます**。

> **Column 05** Nice to meet you. / Nice to see you again.
>
>　初めて「会う」はmeetですから、「初めまして」は、Nice to meet you.です。そして、このフレーズ、**日本語で言う「よろしくお願いします」という意味も含んでいます**。例えば、パーティーなどで朝に知り合って、そのときにNice to meet you.と言います。そして、その日の夜に帰るときにも、Nice to meet you.と言います。Nice meeting you.も同じ意味です。
>
>　ところが、**後日2回目に会ったときには、Nice to see you again!と言います**。もう2度目なので、meetは使いません。**初めての日はmeet、後日会うときにはsee**と覚えておきましょう。

EPISODE 2

ニックネームのつけ方

欧米では、名前を覚えること、覚えてもらうことはとても重要です。英語圏では、**お互いに名前を交換して初めて、「会った」(met) と言えるのです。**そこで、覚えやすいニックネームがとても良く使われます。

ニックネームには、以下のようなものがあります。

Name		Nick Names
William	→	Bill / Will
Benjamin	→	Ben / Benny
Elizabeth	→	Liz / Beth / Eliza / Lisa / Betty
Robert	→	Rob / Bob / Bobby / Robin / Bert
Catherine / Katherine	→	Cathy / Kate / Katie / Katy / Kitty
Patricia	→	Patty / Pat
Amanda	→	Mandy
James	→	Jim / Jimmy / Jamie
Jonathan	→	John / Johnny / Jack
Margaret	→	Maggie
David	→	Dave / Davy
Edward / Edmond	→	Ed / Eddie / Ned / Ted / Teddy

これらのニックネームは、**自分の好みで変えることができます。**

例えばUnit 011のように、Jenniferでも、Jenn と呼んで欲しい場合もあれば、Jenny と呼んで欲しい場合もあります。実際に本人に聞いてみないとわかりません。**Please call me ○○と指定する人も多くいます。名刺も、ニックネームで書かれていることが多いです。**

日本人の名前の場合、英語圏の人間にはわかりづらいことが多いので、**名前を短くしたり、アレンジして相手に覚えてもらいやすいニックネームを考えておくと良い**でしょう。

また、英語では、敬称（Mr. / Miss. / Mrs. / Ms.）は、名字（family name / last name / surname）につけるものです。したがって、**ニックネームや名前 (first name / given name) には、つけません。**例えば、Bob Jamesさんの場合、日本ではボブさんと呼ぶかもしれませんが、英語ではMr. Bob Jamesとは言っても、Mr. Bobとは言いません。英語では、敬称をつけるのは、フォーマルな言い方になります。お互いに名字で言い合っていると、よそよそしい感じがします。とても友人とは言えません。

012
Talking about their Hometown

Sorry...

Words and Phrases

☐ **hometown**：出身地　　☐ **vacant**：空きの　　☐ **contract**：契約
☐ **until ～**：～まで　　☐ **anyhow**：とにかく（anywayと同じ意味）
☐ **just a little bit**：ほんの少しだけ

出身地について話す

Where どこに？ do you live, あなたは住んでいるの、Misaki? ミサキ /

I live 私は住んでいるわ in Bel Air. ベルエアーに / How about you? あなたたちはどう？ /

Kate and I live ケイトと私は住んでいるわ in Santa Monica, サンタモニカに、where そしてそこでは we're sharing 私たちはシェアしているの a house. 家を / Would you like to join 参加しない？ us? 私たちに / We've got 私たちは持っているの a vacant bedroom. 空いている寝室を /

Oh, ええ、I'd love to, 私はしたいわ、but でもね I live 私は住んでいるの with my host family, 私のホストファミリーと、and the contract will be そしてその契約はあるの until next June. 来年の６月まで / But, anyhow thanks! でも、とにかくありがとう！ / By the way, ところで、where どこの？ are you from, あなたは出身なの、Jenn? ジェン /

I'm 私はあるわ from Vancouver, Canada. カナダのバンクーバーの出身で / How about you, Misaki? あなたはどう？ ミサキ /

Tokyo. 東京よ / How about you, Kate? あなたはどう、ケイト？ /

I'm 私はあるわ from San Francisco. サンフランシスコの出身で /

So, それじゃ、do you know あなたは知っているの？ a lot たくさん about California? カリフォルニアについて /

Maybe... 多分ね… / Just a little bit ほんのちょっとだけ more than you guys. あなたたちよりもね /

013

Thoughts on Japan

Words and Phrases

☐**What do you think of ～ ?**：～をどう思いますか？　☐**incredible**：信じられないほど印象的な（unbelievableとほぼ同じ意味）　☐**vibrant**：活気にあふれて　☐**full of life**：生命力にあふれて　☐**fascinated**：魅了されて　☐**How do you like ～ ?**：～をどう思いますか？　☐**culinary**：料理の　☐**I'd love to ...**：ぜひ…したいです（I'd like to ... よりも強い意味）　☐**explore**：探索する

日本への思い

Hey, Jenn and Kate, ねえ、ジェンとケイト、I wanted to ask 聞きたかったことがあるんだけど you あなたたちに something. ちょっと／ What do you think どう思う？of Japan? 日本について／

Oh, I love it! ああ、大好きよ！／ I visited 私は訪れた Tokyo 東京を last year, 去年、and そして it was incredible. それは信じられないほどだった／ The city is その街はある so vibrant and full of life. とても活気に満ちて生命力にあふれていて／

Yeah, ええ、Japan is amazing. 日本は素晴らしい／ I've always been fascinated 私はいつも魅了されている by its rich culture and traditions. その豊かな文化と伝統に／

That's great それは嬉しい to hear! 聞いて！／ How do you like どう思う？the food? 食べ物は／

The food is delicious! 食べ物は美味しい！／ I tried 私は試した sushi, ramen, and even Takoyaki. お寿司やラーメン、そしてたこ焼きまでも／ It was それはあった a culinary adventure. 食の冒険で／

Misaki, ミサキ、when you have あなたが持っているときに some free time, いくらかの自由時間を I'd love to show you around ぜひあなたに案内したい Los Angeles. ロサンゼルスを／ It's それはある a vibrant city, 活気のある都市で、just like Tokyo. ちょうど東京のように／

Thank you so much, Kate. 本当にありがとう、ケイト／ I'd love that. それは楽しみ／ Let's explore 探索しましょう together! 一緒に！／

014
Learning Japanese Phrases

🔊
014

EPISODE 2

Words and Phrases

☐ **How do you say 〜 ?**：（対象の物事）を何て言うのですか？（What do you say 〜? はある場面でどのように言うのかを聞くときに使う）　☐**greet**：挨拶する　☐**cool**：素晴らしい（great, excellent, awesome, brilliant 等もほとんど同じ意味）　☐**as well as 〜**：〜と同じくらい　☐**Definitely.**：絶対に。もちろん。　☐**be glad to …**：喜んで…する（be happy to … と同じ意味）

055

日本語のフレーズを学ぶ

Hi, Michael. こんにちは、マイケル ／ This is こちらはある my friend Jenn, 私の友人のジェンで、and そして this is こちらはある Kate. ケイトで ／

Nice to meet you お会いできて嬉しい both. お二人とも ／ Misaki has told ミサキが教えてくれた me 僕に a lot たくさん about Japan. 日本について ／ I'm really interested 僕は本当に興味を持っている in learning 学ぶことに more. もっと ／

That's great! それは素晴らしいわ！ ／ We'd be happy to help. 私たちは喜んでお手伝いするよ ／

How do you say どのように言う？ "hello" 「hello」を in Japanese? 日本語で ／

In Japanese, 日本語で we say 私たちは言う "konnichiwa" 「こんにちは」と to greet 挨拶するために someone. 誰かと ／

That's cool! それは素敵だね！ ／ What do you say 何て言う？ when you want to thank 君たちが感謝したいときに someone? 誰かに ／

They say 彼らは言う "arigatou" 「ありがとう」と to say 言うために thank you. あなたに感謝すると ／

Awesome! 素晴らしい！ ／ I'm also excited 僕はまたとても楽しみにしている to experience 経験することを the culture その文化を as well as learning 学ぶのと同じくらい about Japanese phrases. 日本語のフレーズについて ／ Can you show me around 君は案内してくれる？ Tokyo 東京を when I visit? 僕が訪れたときに ／

Definitely! もちろん！ ／ I'd be glad to be 私は喜んでなるよ your guide. あなたのガイドに ／

015

I recommend that ...

Words and Phrases

☐ **be planning to ...**：…する計画をしている　☐ **recommendation on ～**：
～についてのオススメ　☐ **recommend that ＋ 主語 ＋ 動詞の原形**：…することをオススメする　☐ **district**：地区　☐ **heritage**：遺産　☐ **glimpse**：垣間見ること　☐ **era**：時代　☐ **immerse oneself in ～**：～に没頭する
☐ **feel free to ...**：遠慮なく…する

オススメする

Hey Michael, やあ、マイケル、**I heard** 私は聞いたよ **you're planning to travel** 旅行することを計画しているって **to Japan.** 日本への ／ **That's exciting!** それはとっても楽しみね！ ／

Yes, はい、**I've become really interested** 僕は本当にとても興味を持った **in Japan** 日本に **after our conversations.** 僕たちの会話の後で ／ **It's going to be** それはなる **my first time** 僕の初めてに **there.** そこでの ／ **Any recommendations** 何かオススメはある？ **on where to visit?** どこを訪れるかの ／

Definitely! もちろん！ **I recommend** 私はオススメするわ **that** 次のことを **you go** あなたが行くべきだと **to Asakusa.** 浅草に ／ **It's** それはあるの **a famous district** 有名な地区で **in Tokyo** 東京の **known** 知られているの **for its rich cultural heritage.** 豊かな文化遺産で ／ **There are** そこにはある **beautiful shrines and temples** 美しい神社や寺院が **to explore,** 探索できる、**which will give** そしてそれは与えるでしょう **you** あなたに **a glimpse** 垣間見ることを **into Japan's traditional era.** 日本の伝統的な時代の ／

That sounds それは聞こえる **amazing!** 素晴らしく！ ／ **I love** 僕は大好きなんだ **learning** 学ぶことが **about different cultures and historical sites.** 異なる文化や歴史的な場所について ／ **I'll make sure** 僕は必ずする **to visit** 訪れることを **Asakusa** 浅草を **and immerse myself in** そして没頭することを **Japanese traditions.** 日本の伝統に ／

That's great それは素晴らしいわね **to hear!** 聞いて！ ／ **I'm sure** 私は確信している **you'll have** あなたが過ごすことを **a fantastic time** 素晴らしい時間を **in Japan.** 日本で ／ **If you need** もしもあなたが必要な場合は **any more recommendations or assistance,** さらにもっとオススメやサポートが、**feel free to ask.** 遠慮なく聞いてね ／ **Enjoy** 楽しんでね **your trip!** あなたの旅行を！ ／

016

Exploring Japan's Four Seasons

016

Words and Phrases

☐ **distinct**：はっきりとした、明確な　☐ **I've always wanted to ...**：私はずっと…したいと思っていた　☐ **cherry**：桜　☐ **blossom**：花　☐ **bloom**：（花が）咲く　☐ **depending on 〜**：〜によって　☐ **stunning**：見事な　☐ **sight**：光景　☐ **humid**：湿度が高い、湿気が多い　☐ **showcase**：目立たせる　☐ **foliage**：紅葉　☐ **diverse**：多様な

日本の四季を知る

I've heard 僕は聞いた that 次のことを Japan has 日本が持っていると beautiful seasons. 美しい季節を ／ Can you tell me 僕に教えてくれる？ more about them? それについてもっと ／

Japan is known 日本は知られている for its four distinct seasons. そのはっきりとした四季で ／

I've always wanted to experience 僕はずっと体験したかった the cherry blossoms in spring. 春の桜の花を ／ When is いつ？ the best time 一番良いときは to see them? それらを見るのに ／

The cherry blossoms usually bloom 桜の花は通常は咲く ／ in late March to early April, 3月下旬から4月初旬にかけて depending on the region. 地域によって ／ It's それはある a stunning sight 見事な光景で with pink flowers covering the trees. ピンク色の花が木々を覆って ／

What about summer? それで夏はどう？ ／

Summer is 夏はある hot and humid, 暑く湿度も高く、especially in July and August. 特に7月と8月は ／ It's それはある a great time 素敵なときで for festivals and fireworks. 祭りと花火で ／

What about autumn and winter? それでは秋と冬はどう？ ／

Autumn showcases 秋は目立たせる stunning foliage, 見事な紅葉を、and winter brings そして冬は持ってくる cold temperatures and snow 寒気と雪を in some areas. いくつかの地方で ／ Skiing and snowboarding are popular スキーとスノーボードは人気がある during winter. 冬の間には ／

Japan sounds amazing 日本は素晴らしそう with its diverse seasons. その多様な季節で ／

017

Exploring Japanese Cuisine

Words and Phrases

☐**cuisine**：料理　☐**properly**：適切に　☐**thumb**：親指　☐**index finger**：人差し指　☐**savory**：美味しい、良い味のする　☐**You're in for a treat.**：あなたはお楽しみに直面するだろう。→何か良いことがあなたに起こる。　☐**be in for 〜**：〜に直面しそう、〜を経験しそう　☐**treat**：ご褒美、もてなし、お楽しみ

日本料理を学ぶ

Hi, Misaki! こんにちは、ミサキ！ ／ I'm really excited 私は本当に楽しみです about trying Japanese food. 日本の食べ物を試すのが ／ Can you recommend あなたはオススメできますか？ a good Japanese restaurant? 良い日本料理のレストランを ／

Of course! もちろん！ ／ There are そこにはあります many great options. たくさんの素晴らしい選択肢が ／ I suggest 私は提案します trying 試すことを a traditional sushi restaurant. 伝統的なお寿司屋さんを ／

That sounds amazing! それは素晴らしいですね！ ／ But I'm not sure でも私はよくわかりません how to use どう使うのかが chopsticks 箸を properly. 適切に ／ Can you show 見せてくれませんか？ me 私に how? どのようにするのかを ／

You bet! もちろんです！ ／ Hold 持つようにしてください the chopsticks 箸を near the top 上の方で and そして use 使ってください your thumb and index finger あなたの親指と人差し指を to hold 掴むために them. それらを ／

Thank you, Misaki! ありがとう、ミサキ！ ／ What's 何ですか？ your favorite Japanese food? あなたの一番好きな日本食は ／

I love 私は大好きです ramen. ラーメンが ／ It's それはあります a savory noodle and soup 美味しい麺とスープで with various toppings. 様々な具材が乗った ／ You should definitely try あなたはぜひ試してみるべきです it! それを！ ／ You're in for あなたは経験するでしょう a treat. お楽しみを ／

I will! やってみますね！ ／ I'm really looking forward 私は本当に楽しみです to exploring 探索するのが the flavors 味を of Japanese cuisine. 日本料理の ／

062

018

Japanese Customs

Words and Phrases

☐**custom**：習慣　☐**curious**：興味がある　☐**gratitude**：感謝の気持ち　☐**appreciation**：感謝の気持ち　☐**lovely**：素敵な　☐**pray for ～**：～を祈る　☐**good luck**：幸運　☐**amulet**：お守り　☐**lucky charm**：幸運のお守り　☐**blessing**：神の恵み　☐**fortune**：運

日本の習慣

Have you heard あなたは聞いたことがありますか？ about some interesting Japanese customs? いくつかの日本の興味深い習慣について ／

No, I'm curious. いいえ、興味があります ／ Can you tell me more? もっと教えてもらえますか？ ／

Sure! はい！ Before starting our meal, 食事を始める前に、we say 私たちは言います "Itadakimasu", 「いただきます」と、which expresses そしてそれは表現しています gratitude 感謝の気持ちを for the food. その食べ物への ／

That's nice. それは素敵ですね ／ And それでは what about after eating? 食事が終わった後はどうですか？ ／

After finishing a meal, 食事が終わった後に、we say 私たちは言います "Gochisousama"「ごちそうさま」と to show 表すために appreciation 感謝の気持ちを to the chef and host. 料理人や主催者への ／

That's a lovely tradition. それは素敵な伝統ですね ／ What about shrines and temples? では神社やお寺はどうですか？ ／

They are それらはあります important cultural sites. 重要な文化的な場所で ／ People visit 人々は訪れます them それらに for various reasons, 様々な理由で、such as praying for good luck or peace. 例えば幸運や平和を祈ったり ／

I've seen 私は見たことがあります small amulets 小さなお守りを called "Omamori"「お守り」と呼ばれている at shrines and temples. 神社やお寺で ／ What are they for? それらは何のためですか？ ／

Omamori are お守りはあります **lucky charms** 幸運のお守りで **that** そしてそれを **people carry** 人々は持ち歩きます **for protection and blessings.** 守ることと神の恵みのために ／ **They are believed** それらは信じられています **to bring** 持ってくると **good fortune.** 幸運を ／

That's fascinating! それは魅力的ですね！ ／

Column
07

How about ...?
VS
What about ...?

　どちらも「…はどうですか？」と使われます。そして、同じように使って問題ないのですが、ニュアンス的には違いがあります。

　例えば、「来週のパーティーの予定なんだけど皆に伝えたよ」と聞いて、「ああ、そういえば、マイケルはどうした？」といった場合、What about Michael?と言います。**何件かあって「これ、忘れてない？」といったときには、What about ... ?「…はどうした？」を使います。**What about you?の場合、「じゃあ、あなたはどうなのよ？」という強い聞き方になるときもあれば、What about Tony?「トニーはどうしたの？（彼のことを忘れているんじゃない？）」のように、**「どう？」を「どうなのよ？」「どうしたの？」のようにかなり強調する**ニュアンスがあります。

065

I recommend that
+ 主語 + 動詞の原形

　Unit 015に出てくるI recommendという表現ですが、例えば、「私はあなたが京都へ行くことをオススメします」をI recommend you to go to Kyoto.と言ってしまう学習者がものすごく多いです。これは一見正しそうに見えますが、正しい英語表現はI recommend that you **go** to Kyoto.です。このyouは主格であり目的格ではなく、**youの後の動詞は原形が用いられるべき**なんです。

　ですので、「私は彼が京都へ行くことをオススメします」もI recommend him to go to Kyoto. はダメ(himは目的格、to goは不定詞なので)ですし、I recommend that he goes to Kyoto. にしてもダメ （goesは三単現のesがついているので原形ではない）です。正解はI recommend that he go to Kyoto.です。

　これはSubjunctive Mood「仮定法」の一種で、「仮定法現在」と呼びます。この複雑に見えるSubjunctive Moodをどのように克服したら良いでしょうか？

　実は英語の歴史を考えると、とっても簡単に克服できます。英国では、元々I recommend that you should go to Kyoto.と、助動詞のshouldがありました。ところが、**recommend「オススメします」とshould「すべき」はほぼ同じ意味、すなわち、redundant（不必要、くどい）と考えられ、省略された**という歴史があります。

　ですから、皆さんが言うときには、shouldを言っても良いですし、言わない場合はshouldが省略されていると考えてみましょう。そうすれば、間違うことはまずなくなります。

　このSubjunctive Moodに使われる他の動詞と例文は以下の通りです。

advice	I <u>advise</u> that she **be** told the truth. 「彼女に真実を伝えるべきだと私は勧める」
ask	I <u>ask</u> that he **submit** the report by Friday. 「彼に金曜日までにレポートを提出するよう依頼する」
demand	She <u>demands</u> that it **be** done immediately. 「彼女はそれが直ちに行われることを要求する」
insist	He <u>insists</u> that we **be** on time. 「私たちが時間通りに来ることを彼は強く主張する」
propose	I <u>propose</u> that we **take** a different route. 「私たちが別のルートを取ることを提案する」

Spring

春

登場人物紹介

Katherine
ミサキの学友。サンフランシスコ出身。
ニックネームは Kate

Jennifer
ミサキの学友。カナダのバンクーバー出身。
ニックネームは Jenn

Albert
ミサキの学友。多趣味

019

In the Morning

Words and Phrases

☐ **yawning**：あくび　☐ **oversleep**：寝坊する　☐ **go off**：鳴る
☐ **multiple**：複数の　☐ **rush**：急ぐ　☐ **manage to ...**：なんとか…する　☐ **brush one's teeth**：歯を磨く　☐ **starving**：お腹がペコペコ
☐ **for sure**：本当に

朝の会話

（yawning あくび）**Good morning, Lisa.** おはよう、リサ ／

Good morning, Misaki. おはよう、ミサキ ／ **You look** あなたは見えるわ **a bit sleepy.** 少し眠そうに ／ **Did you oversleep?** あなた寝坊したの？ ／

Yeah, I did. ええ、そうなの ／ **My alarm didn't go off,** 私の目覚まし時計が鳴らなくて、**so I overslept.** それで私は寝過ごしたの ／

I hate 私は嫌いよ **when that happens.** それが起こったときが ／ **Make sure** 確実にしてね **to set** セットするのを **multiple alarms** 複数のアラームを **next time.** 次回は ／ **What time** 何時に？ **did you wake up?** あなたは起きたの ／

It was 6：30. それは6時30分だったわ ／

That's not too bad. それはそんなに悪くないわね ／ **You didn't have to rush.** あなたは急がなくても良かったのね ／ **Did you have time** あなたは時間があったの？ **to wash** 洗う **your face** あなたの顔を **and** そして **get dressed?** 着替える ／

Yes, I managed うん、私はなんとかできたよ **to wash my face, brush my teeth, and change my clothes quickly.** 顔を洗うこと、歯を磨くこと、服を速く着替えることを ／

Great. 素晴らしいわ ／ **Let's grab** 取りに行きましょう **some breakfast.** 朝食を ／ **Are you hungry?** お腹すいてる？ ／

Starving! すごくすいているわ！ ／ **A good breakfast will wake me up** ちゃんとした朝食は私を目覚めさせるわ **for sure.** 本当に ／

That's the spirit. その気力よ ／

020

Classroom Introductions

Words and Phrases

☐**career**：専門的職業、経歴、職歴、キャリア　☐**aspiration**：強い願望、大志、憧れ、呼吸、息を吸い込むこと　☐**detective**：探偵　☐**someday**：いつか　☐**impressive**：印象的な、印象に残る、インパクトのある　☐**get to know 〜**：〜を知る

教室での自己紹介

Hey everyone, ねえ皆、 this is こちらはある Albert, アルバート で、 a new student 新しい生徒で in our class. 私たちのクラスの ╱

Nice to meet you, 初めましてどうぞよろしく、 Albert. アルバート ╱ I'm 私はある Katherine. キャサリンで ╱

Hi Albert, こんにちはアルバート、 ╱ I'm 私はある Jennifer. ジェニファーで ╱ Welcome to our class! ようこそ私たちのクラスに！ ╱

Thank you, Misaki, Katherine, and Jennifer. ありがとう、ミサキ、キャサリン、そしてジェニファー ╱ I'm excited 僕はワクワクしている to be here. ここにいて ╱

What are 何？ your hobbies? あなたの趣味は ╱

I love 僕は大好き playing the guitar, basketball ギターを弾くこととバスケットボールをすること and reading mystery novels. そしてミステリー小説を読むことが ╱

Interesting! 面白いわ！ ╱ What's 何？ your career aspiration? あなたの将来の夢は ╱

I hope 僕は望んでいる to become なることを a detective 探偵に someday. いつか ╱

That's impressive, Albert. それは印象深いわ、アルバート ╱ We're glad 私たちは喜んでいる to have you あなたを持つことを here! ここに！ ╱

Thanks, ありがとう、 I'm looking forward 僕は楽しみにしている to getting to know 知ることを all of you. 君たち皆を ╱

021
Hobbies and Interests

Words and Phrases

☐ **unwind**：リラックスする　☐ **photography**：写真撮影　☐ **trail**：自然歩道、コース　☐ **serene**：静粛な、静かな、穏やかな　☐ **capture**：捉える、収める　☐ **go-to**：日頃よく行ってしまう人やモノ　☐ **landscape**：風景　☐ **captivating**：魅力的な　☐ **be into 〜**：〜にはまる

趣味・興味について語る

What 何を？ do you usually do あなたは普段する in your free time? あなたの自由時間に ／

I love 僕は大好き playing the guitar ギターを弾くことが and そして writing songs. 曲を書くことが ／ It's それがあるんだ my way 僕の方法で of unwinding リラックスする after classes. 授業の後で ／ How about you? 君はどう？ ／

I enjoy 私は楽しむ photography 写真撮影 and そして exploring 探索することを new hiking trails. 新しいハイキングのコースを ／ There's そこにはある something serene 何か静寂なものが about capturing 収めることについて a beautiful moment 美しい瞬間を in a photo. 写真に ／ We should go 私たちは行くべきだね on a photo walk 写真散歩に sometime! いつか！ ／

That sounds fantastic! それは素晴らしそう！ ／ I've always wanted to learn 僕はいつも学びたかったんだ more もっと about photography. 写真撮影について ／ Do you have 君は持っている？ a favorite subject 一番好きなテーマを you like 君が好きな to shoot? 撮影するのに ／

Nature is my go-to, 自然は私の定番、 especially 特に landscapes and flowers. 風景と花が ／ The colors and details are 色と細部がある captivating. 魅力的で ／ How about your music? あなたの音楽はどう？ ／ What kind of songs どんな種類の曲を？ do you write? あなたは書く ／

I'm into 僕ははまっている country and folk music. カントリーとフォークミュージックに ／ I often write 僕はしばしば書く about personal experiences and emotions. 個人的な経験や感情について ／ It's それはある like turning 変えることのようで my thoughts into melodies. 僕の考えをメロディーに ／

022
Choosing Elective Courses

Words and Phrases

☐elective course：選択科目　☐be torn：迷っている　☐outlet：コンセント、表現　☐align with ～：～と一致する　☐lean towards ～：～に傾く　☐sustainability：持続可能性　☐tailor：調整する、仕立てる　☐pave the way for ～：～の道を開く　☐take a closer look at ～：～をもっと詳しく調べる　☐syllabus：シラバス、授業概要

選択科目の履修

Have you looked into あなたは調べた？ the elective courses 選択科目を for next semester? 来学期の ／

Yes, はい、I'm considering 僕は考えている a few options. いくつかの選択肢を ／ Have you decided 君は決めた？ on yours? 君のを ／

I'm torn 私は迷っている between the photography class and the economics seminar. 写真のクラスと経済学のゼミで ／

Photography could be 写真はなりうるだろう a creative outlet, 創造的な表現に、while その一方で economics might align with 経済学は一致するかもね your business major. 君のビジネス専攻と ／

That's true. その通りね ／ What about you? あなたはどう？ ／

I'm leaning 僕は傾いてきているんだ towards the environmental science course. 環境科学のコースの方に ／ It connects with それは繋がっているんだ my passion 僕の情熱に for sustainability. 持続可能性への ／

It's great それは素晴らしいわ how we can tailor どうやって私たちが調整することができるのか our curriculum 私たちのカリキュラムを to our interests and future goals. 私たちの興味や将来のゴールに合わせて ／

Absolutely, その通りだよ、these choices can pave the way for これらの調整が道を開いてくれているんだよね our career aspirations. 僕らのキャリアの強い願望への ／

I'll take a closer look at 私はもっと詳しく調べてみるわ the syllabus シラバスを before deciding. 決める前に ／

023

Campus Tour

EPISODE 3

Words and Phrases

☐**sure thing**：もちろん大丈夫　☐**across ～**：～の向かい側に　☐**quad**：中庭　☐**science lab**：実験室　☐**past ～**：～を過ぎて　☐**fountain**：噴水　☐**further down**：少し遠くに　☐**You can't miss it!**：あなたは見失わない（道案内で「絶対にわかるよ」という意味の定番フレーズ）

☐**directions**：道案内（複数形が多い）

キャンパスツアー

Hey, Misaki! やあ、ミサキ！ / **We're new here,** 僕たちはここでは新人だよね、**and** それで **I'm a bit lost.** 僕は少し道に迷ったみたいなんだ / **Do you know** 君はわかる？ **where the library is?** どこに図書館があるのか /

Sure thing, Albert! もちろん大丈夫よ、アルバート！ / **The library is** 図書館はあるわ **just across the quad,** ちょうどその中庭の向かい側に、**to the left** 左に **of the main building.** メインビルの /

Thanks! ありがとう！ / **And what about the science lab?** それじゃ実験室はどうかな？ **I have** 僕はあるんだ **a class** 授業が **there** そこで **next.** 次に /

Walk straight まっすぐ歩いて **from the library,** 図書館から、**past the fountain.** 噴水を超えて / **You'll see** あなたは見えるわよ **the science building** 科学棟が **on your right.** あなたの右側に /

Great! すごいよ！ **And** それと **how about the cafeteria?** カフェテリアはどう？ / **I'm getting hungry.** おなかがすいてきちゃって /

It's それはあるよ **in the student center,** 学生センターに、**a bit further down** ちょっと遠くに **from the library.** 図書館からは / **You know** あのね **we've been there** 私たちは行ったことがあるわよ **before.** 前に / **You can't miss it!** あなたは見失わないわよ！ /

Awesome, 素晴らしいよ、**thanks** ありがとう **for the directions!** その道案内に！ /

No problem. どういたしまして / **Enjoy** 楽しんでね **your day** あなたの日を **exploring** 探索する **the campus!** キャンパスを！ /

024

Library Visit

EPISODE 3

Words and Phrases

☐**librarian**：図書館司書　☐**resources**：資料　☐**relevant**：関連する　☐**bookshelf**：書棚　☐**check out**：借り出す（アメリカでは、本を「借り出す」ときに使うフレーズ）　☐**front desk**：受付　☐**due**：期限で　☐**guidance**：指導　☐**reassuring**：心強い

図書館に行ってみる

Hi, Kate! ねえ、ケイト！ ／ I need 私は必要なの some books 何冊かの本が for our research project. 私たちの研究プロジェクトのために ／ Let's ask the librarian 図書館司書に訊いてみましょう for help. 助けを ／

Good idea. 良い考えだわ ／ Excuse me, すみません、 are you the librarian? あなたは図書館司書ですか？ ／ We're looking for 私たちは探しています resources 資料を on environmental sustainability. 環境の持続可能性に関しての ／

Of course! もちろんです！ ／ Follow me 私についてきてください to the relevant section. 関連するセクションまで ／ Here are ここにあります the bookshelves 書棚が on environmental studies. 環境学の ／

Thank you. ありがとうございます ／ Can we check out 私たちは借り出せますか these books? これらの本を ／

Absolutely. もちろんです ／ Just bring them ただそれらを持ってきてください to the front desk. 受付まで ／ Do you have あなたたちは持っていますか a library card? 図書館カードを ／

Yes, we do. はい、私たちは持っています ／

Great! 良いわね！ ／ I'll help 私がお手伝いします you check these out. あなた方がこれらを借り出すのを ／ Remember, 覚えておいてください、 the books are その本はあります due in two weeks. 2週間が期限で ／ Enjoy your reading! 読書を楽しんでね！ ／

Thank you ありがとうございます for your guidance. あなたのご指導を ／ It's reassuring それは心強いです to have 持つことは your support. あなたのサポートを ／

025
Academic Advisor Meeting

Words and Phrases

☐**progress**：進歩、進捗　☐**GPA**：日本語で言う内申点（Grade Point Average のイニシャル）　☐**core**：核心　☐**well-rounded**：充実した　☐**internship**：インターンシップ　☐**gain**：得る　☐**practical**：実践的な　☐**keep up**：その調子で頑張る（今うまくいっていることをそのまま頑張るときに使う）

EPISODE 3

学業アドバイザーとの面談

🧑 **Hello, Misaki.** こんにちは、ミサキ / **How's your semester going?** あなたの今学期はどうですか？ /

👩 **It's been good** それはずっと良いです **so far.** 今のところ / **I've been exploring** 私は探索しています **different courses.** 別のコースを /

🧑 **That's great** それは素晴らしいです **to hear.** お伺いして / **How's your progress** あなたの進捗は **in your major?** あなたの専攻での /

👩 **I've been enjoying** 私は楽しんでいます **my business courses** 私のビジネスコースを **and maintaining** そして維持しています **a good GPA.** 良い内申点を /

🧑 **Excellent.** 素晴らしい / **Have you thought** あなたは考えていますか？ **about your course selection** あなたのコースの選択を **for next semester?** 次の学期の /

👩 **I'm considering** 私は考えています **a mix** 混ぜることを **of core courses** 核となるコースを **and electives** 選択コースと **related to my major.** 私の専攻に関連する /

🧑 **That's** それはありますね **a well-rounded plan.** 充実した計画で / **Any thoughts** 何か考えはありますか？ **about your future plans?** あなたの将来の計画について /

👩 **I'm interested** 私は興味があります **in internships** インターンシップに **to gain** 得るために **practical experience** 実践的な経験を **in my field.** 私の分野で /

🧑 **That's a smart move.** それは賢明な移行です / **Keep up the good work.** 良い取り組みをその調子で頑張ってください /

026

Cooking

Words and Phrases

☐**authentic**：本格的な、本物の、正真正銘の　☐**a side of 〜**：〜を添えて　☐**ingredient**：材料　☐**broth**：出汁　☐**prep**：prepareの短縮形

料理

Lisa, Anne, リサ、アン、 I was thinking of 私は思っていました cooking 料理することを a traditional Japanese dish 伝統的な日本料理を tonight. 今晩は ／ Would that be okay? それは大丈夫でしょうか？ ／

Wow, that sounds amazing! わあ、それは素晴らしく聞こえる！／ I've never tried 私は試したことがない authentic Japanese cuisine. 本格的な日本料理を ／ What 何を？ are you thinking of making? あなたは作ろうと思っている ／

I thought 私は思っていた I'd make 私は作ろうと tempura 天ぷらを with a side of miso soup. 味噌汁を添えて ／ It's それはある a delicious and simple dish. 美味しくてシンプルな料理で ／

That's a lovely idea, Misaki. それは素敵なアイディアね、ミサキ ／ Do you need あなたは必要ですか？ any specific ingredients? 何か特定の材料が ／ I can help 私はお手伝いします you find あなたが見つけるのを them それらを in the kitchen. キッチンで ／

Thank you! ありがとうございます！ I brought 私は持ってきました some いくつかを from a local Japanese store, 地元の日本の店から、 but でも I might need 私は必要かもしれません some basic ingredients いくつかの基本的な材料が like oil and broth. 油や出汁のような ／

I can't wait 私は待ちきれないわ to taste 味わうのが it! それを！ ／ Maybe 多分 I can help 私はお手伝いできる you prep あなたが下ごしらえするのを the vegetables. 野菜を ／

That would be great! それは素晴らしい！ ／ Cooking is お料理することはある always more fun 常により楽しい together. 一緒のほうが ／

084

027
Buying Daily Necessaries

Words and Phrases

- [ ] **toiletries**：洗面用品（通常複数形を使う） [ ] **toothpaste**：歯磨き粉
- [ ] **moisturizing lotion**：保湿ローション [ ] **on sale**：セール中
- [ ] **laundry detergent**：洗濯洗剤 [ ] **dish soap**：食器用洗剤 [ ] **buy-one-get-one-free**：1つ買うと1つ無料

日用品を買う

Anne, アン、where どこで? can we find 私たちは見つけられますか toiletries 洗面用品を like shampoo and toothpaste? シャンプーや歯磨き粉のような /

Oh, they're ああ、それらはあります in the personal care aisle. パーソナルケアの通路に Let's head 向かいましょう there. そこに /

Can I help お手伝いしましょうか? you find あなたが見つけるのを anything? 何かを /

Yes, I need はい、私は必要です a good moisturizing lotion. 良い保湿ローションが / Any recommendations? 何かオススメはありますか? /

This brand is このブランドはあります popular and effective. 人気があって効果的で / Plus, さらに、it's on sale today! 今日はセール中です！ /

We should also grab 手に入れるべきです some laundry detergent and dish soap. 洗濯洗剤と食器用洗剤も /

Right! そうですね！ And maybe そして多分 some paper towels and toilet paper. いくらかのペーパータオルやトイレットペーパーもですね /

There's そこにはあります a buy-one-get-one-free offer 「1つ買うと1つ無料」のオファーが on this brand of toilet paper. このブランドのトイレットペーパーでは /

Great! すごい！ We'll take it. 私たちはそれを買います / Thanks ありがとう for letting us know. 私たちに教えてくれて / Always good いつも良いことです to save 節約することは where you can! できるところで！ /

028

Planning a Weekend Getaway

Words and Phrases

- [ ] **getaway**：小旅行　[ ] **cabin**：キャビン、小屋　[ ] **Thoughts?**：考え
ある？　[ ] **roast**：焼く　[ ] **marshmallow**：マシュマロ　[ ] **be in for 〜**：
〜に賛成だ　[ ] **stargazing**：星を見ること、天体観察　[ ] **unbeatable**：
最高な　[ ] **requirement**：要件、条件　[ ] **lakeside**：湖畔　[ ] **canoe**：
カヌーする　[ ] **kayak**：カヤックする　[ ] **epic**：素晴らしい

週末の小旅行の計画

Hey everyone, ねえ皆、 let's plan 計画を立てようよ a weekend getaway! 週末の小旅行の！ / I'm thinking 私は考えているの of a cabin キャビンを in the mountains. 山の中の / Thoughts? 考えある？ /

Sounds refreshing! 新鮮に聞こえる！ / I love 私は大好き mountain views. 山の景色が / We could do 私たちはできるかもね hiking ハイキングをしたり and maybe そして多分 have a BBQ? バーベキューをしたり /

That's a great idea, Misaki! それは素晴らしいアイディアね、ミサキ！ / We should also consider 私たちはまた考慮すべきだわ a campfire night. キャンプファイヤーの夜を / We can roast 私たちは焼くことができる marshmallows マシュマロを and share そして分けることも stories. 話を /

I'm in for that! 僕もそれに賛成！ / And maybe そして多分 some stargazing? いくらか星を見るのは？ / The night sky in the mountains is 山の夜空はある unbeatable. 最高で /

Perfect. 完璧ね / I'll look for 私は探すわ a cabin キャビンを with a good spot 良い場所にある for a campfire. キャンプファイヤーのための / Any special requirements? 何か特別な要件はある？ /

A place 場所が near a hiking trail ハイキングトレイル近くの would be ideal. 理想的だわ / And maybe a lake, そして多分湖も？ like Castaic lake? キャスティーク湖とか /

Oh, a lakeside cabin! ああ、湖畔のキャビン！ / We can do 私たちはできるわ some canoeing or kayaking. いくらかカヌーやカヤックが / This is going to be これはなるわ an epic weekend! 素晴らしい週末に！ /

029

Cultural Festivals

EPISODE 3

Words and Phrases

☐ **diversity**：多様性　☐ **bucket list**：バケットリスト（死ぬ前に経験することや達成したいゴールのリスト）　☐ **enrich**：豊かにする

文化的な祭り

Hey Misaki! やあミサキ！ / With the diversity in Los Angeles, ロサンゼルスの多様性とともに、 I've been exploring 私は探索してきました various cultural events. 様々な文化イベントを / Have you ever attended あなたは参加したことがありますか？ a cultural festival? 文化的な祭りに /

Absolutely! もちろんです！ / Back in Japan, 日本でのことですけど、 / festivals are 祭りはあります a significant part 重要な部分で of our culture. 私たちの文化の / Yes, ええ、 I went to 私は行きました a summer festival 夏祭りに and そして enjoyed 楽しみました the traditional dances and fireworks. 伝統的なダンスや花火を /

That sounds like それは聞こえます a wonderful experience. 素晴らしい経験のように / I would love to immerse myself in 私は没頭することが大好きです such an atmosphere. そのような雰囲気に /

You should! そうすべきです！ / Festivals offer 祭りは提供します a glimpse 垣間見る機会を into a country's soul. 国の魂を / You learn あなたは学びます so much とても多くのことを about traditions, food, and music. 伝統や食べ物、音楽について /

It's それはあります on my bucket list 私のバケットリストに now. 今 / Experiencing different cultures enriches 異なる文化を体験することは豊かにします our understanding. 私たちの理解を /

Definitely! 確かに！ / Sharing and celebrating differences make 違いを共有し祝うことはします the world a beautiful place. 世界を美しい場所に /

030

Weekend Plans

Words and Phrases

☐ **TGIF = Thank God It's Friday**：華金　☐ **exhibit**：展示品
☐ **pack**：詰める　☐ **bike ride**：自転車に乗りに行くこと（英語でbikeは自転車のことで、日本語のバイクはmotor cycleと言う）　☐ **be eager to ...**：熱心に…したい　☐ **path**：小道　☐ **inspiring**：感動させる、刺激的な
☐ **tale**：物語　☐ **delve**：探索　☐ **get around to**：やっと手が回る
☐ **companion**：同行する連れ

週末の計画

Hey Anne! ねえアン！ TGIF, right? サンキュー金曜日（華金）ですよね？ ／

Absolutely, Misaki. その通りです、ミサキ ／ What 何ですか？ are your plans あなたの予定は for the weekend? 週末の ／

I'm going to visit 私は訪れるつもりです a museum 博物館を and そして have a picnic ピクニックをするつもりです in the park. 公園で ／ I've heard 私は聞いているわ the art exhibits are amazing, その芸術展示品が素晴らしいと、and そして I've packed 私は詰めたわ a tasty lunch 美味しい昼食を to enjoy outdoors. アウトドアを楽しむために ／ How about you? あなたはどうですか？ ／

I'm thinking 私は考えています of catching up 追いつくことを on some reading いくらかの読書を and そして going for a bike ride. 自転車に乗りに行くことを ／ There's そこにはあるんです a new novel 新しい小説が I've been eager to start, 私がずっと熱心に始めたかった、and そして the Santa Monica path is サンタモニカの小道はあります perfect 完璧で for cycling. サイクリングには ／

That sounds それは聞こえるわ relaxing! リラックスさせてくれるように、／ Do you have あなたはありますか？ any book recommendations? 何か本のオススメが ／ I've been looking 私は探しているの to add 加えることを more titles もっと多くのタイトルを to my reading list. 私の読書リストに ／

Definitely. もちろんです ／ Have you read あなたは読みましたか？ "The Alchemist"? 『アルケミスト（錬金術師）』を ／ It's an inspiring tale, それは感激させるおとぎ話です、perfect 完璧な for a weekend delve. 週末の探索に ／

I've heard 私は聞いたことがあります **of it** それを **but** でも **never got around** 機会に恵まれなかったです **to reading it.** それを読む ／ **I'll check it out.** 私は調べてみます ／ **Thanks!** ありがとう！ ／

 No problem! どういたしまして！ ／ **And** そして **if you ever fancy** もしもあなたがしたいのなら **a biking companion,** 一緒に自転車に乗ることを、 **let me know.** 私に教えてください ／

Column
09

TGIF

　TGI FRIDAYSというお店を聞いたことがありますか？　東京にも何店舗かあるので、私は外国から友人が来たときに時々行きます。いつも外国人でいっぱいのお店です。食事やカクテルが楽しめるお店ですよ。

　TGIFとは、Thank God It's Friday.のイニシャルを取った単語です。これは、英語圏ではよくある表現で、金曜日になった息抜き感と、これから週末が始まるというちょっとした興奮を表すんです。働く週末の終わりを祝福し、週末の予定を話し合うといった感覚です。

　この言葉には、**I'm glad it's Friday.**「今日が金曜日で嬉しいなあ。」という感情が入っています。欧米人と話をする際に、この感覚の共有はすごく大事です。

Column 10

be excited to /
be excited about /
be looking forward to

　本書で何度か登場するbe excited to …という表現。be excitedは、辞書などには「興奮している」という意味で載っているのですが、それだとなかなか訳しづらいですし、意味もわかりにくいという人も多いでしょう。

　実際には、「とても嬉しい」か、または「とても楽しみにしてる」という意味でしか使われません。どちらの意味にするかは、**①未来のことを話していたら「とても楽しみにしてる」、②現在の状況に対する気持ちを話していたら「とても嬉しい」**と訳しましょう。

　また、to +動詞の原形が続いたら、「…することが」と訳し、後に名詞が続く場合は、be excited about +名詞という構文になり、「…を」と訳します。be excited about …は、be looking forward to …「…を楽しみにしている」とほぼ同じ意味です。あわせて覚えておきましょう。

　be looking forward to …の**toの後には名詞（動名詞）・代名詞が来ます**。toだから不定詞ではないかと勘違いして、to +動詞の原形にしている学習者が、日本人だけではなくアジア系の方に多く見られます。

　例えば、「すぐのお返事を楽しみにしています。」は、I'm looking forward to hearing from you soon.が正解で、このto hearingをto hearにするのは間違いです。「またお会いできるのを楽しみにしています。」は、I'm looking forward to seeing you again.が正解で、このto seeingをto see にするのは間違いです。要注意ですね。

031

Exploring
New Restaurants in Town

Words and Phrases

☐ **downtown**：（街の中心部の）賑やかなエリアに　☐ **pass by 〜**：〜のそばを通る　☐ **the other day**：この間　☐ **aroma**：香り　☐ **inviting**：誘惑的で　☐ **be a huge fun of 〜**：〜の大ファンである　☐ **count 〜 in**：〜を仲間に入れる　☐ **be up for 〜**：〜にオープンである　☐ **perk**：特典　☐ **hop**：場所をすばやく移る　☐ **wrap up with 〜**：〜で締めくくる

街の新しいレストランを試してみる

Hey guys, ねえ皆、 have you tried 試してみた？ that new Thai restaurant downtown? 繁華街のあの新しいタイレストランを ／ I've heard 私は聞いたよ it's それがあると fantastic. 素晴らしいって ／

Oh, I passed ああ、私は通ったわ by it そのそばを the other day. この間 ／ The aroma was その香りがあったわ so inviting! とても誘惑的で！ ／ I'm 私はある a huge fan 大ファンで of Thai curry. タイカレーの

Count me in! 私も参加する！ I'm always up for 私はいつも大歓迎 trying 試すことを different cuisines. 異なる料理を ／

Same here! こちらも同じく！ ／ Exploring new restaurants is 新しいレストランを探すのはある one of the perks 特典の一つ で of living 住むことの in a diverse city 多様な都市に like Los Angeles. ロサンゼルスのような ／

Absolutely. その通り ／ We should plan 私たちは計画を立てる べきね a restaurant hop レストランをホップする around town 街 中の this weekend. この週末 ／ Experience 体験しよう a global culinary journey 世界の料理の旅を in one evening! 一晩で！ ／

I know 私は知っている a fantastic Mexican place 素晴らしいメ キシコ料理のお店を nearby. 近くに ／

Great! 良いね！ ／ Let's make a list. リストを作ろう ／ We can start 僕たちは始められるよ with Thai, タイ料理から、 then Japanese, それから日本料理、 and wrap up with Mexican. そ してメキシコ料理で締めくくる ／

Sounds like a plan! それは計画になったようね！ ／

032

Unexpected Encounter!

Words and Phrases

☐**unexpected**：予期しない ☐**encounter**：直面 ☐**handsome**：ハンサム ☐**familiar**：見覚えがある ☐**can't help but ...**：…せずにはいられない ☐**overhear**：耳にする、たまたま聞く ☐**intelligent**：賢い、知的な ☐**witty**：機知に富んだ ☐**compliment**：褒め言葉

予期せぬ出会い！

Look 見て **at that guy** あの男性を **over there.** あの向こうの ／ **He's so handsome,** 彼はとてもハンサムだと、 **don't you think?** あなたは思わない？ ／

Oh, wow! あら、うわー！ ／ **He does look familiar.** 彼は見覚えがあるように見える ／

Hey, I couldn't help but overhear. ねえ、つい耳に入ってしまったんだ ／ **I feel like** 僕は気がする **I've seen you somewhere, too.** 僕もどこかで君を見たような ／

Hi there! こんにちは！ ／ **You have an intelligent look about you.** あなたは賢そうに見えますね ／ **Are you a student** あなたは学生ですか？ **nearby?** 近くの ／

Yes, I'm studying at University of California, Bel Air. はい、僕はカリフォルニア大学ベルエアーで勉強しています ／ **And you?** 君は？ ／

I'm at Santa Monica Tech College. 私はサンタモニカ・テック・カレッジにいます ／ **You must be witty too,** あなたはまた機知に富んでいるに違いありません、 **considering your funny approach.** あなたの面白いアプローチを考えると ／

She finds everyone witty 彼女はみんな機知に富んでいると思ってるの **who's handsome!** そしてその人はハンサムで！ ／

Well, I'll take まあ、僕は受け取りますね **that** それを **as a compliment!** 褒め言葉として！ ／ **You both seem wonderful.** 君たちは二人とも素晴らしいように思えます ／ **Hope we can meet again?** 再び会えることを願っていますか？ ／

That would be great! それは素晴らしいことでしょう！ ／

033

Getting to Know Each Other!

EPISODE 3

Words and Phrases

- ☐ **reflect**：反映する　☐ **environmental science**：環境科学
- ☐ **precious**：貴重な　☐ **noble**：高潔な、崇高な（「尊敬するような気持ちで、すごいね」と言うときに）

お互いをよく知る！

So Andrew, それでアンドリュー、**what** 何を？ **do you study** あなたは勉強していますか **at your university?** あなたの大学で ／

I'm majoring 僕は専攻しています **in Art History.** 芸術史を ／ **It's** それはあります **fascinating** 興味深く **how** どのように **art reflects** 芸術が反映するのか **society and emotions.** 社会と感情を ／ **How about you?** 君はどうですか？ ／

That sounds interesting! それは面白そうですね！ ／ **I'm studying** 私は勉強しています **Environmental Science.** 環境科学を ／ **Our planet is** 私たちの惑星はあります **so precious.** 貴重で ／ **I want to help** 私は助けたいです **protect it.** それを守ることを ／

That's really noble それは本当に尊敬します **of you.** 君のことを ／ **Do you have** 君は持っていますか？ **any hobbies** 何か趣味を **outside of school?** 学校の外で ／

I'm into 私は興味を持っています **photography.** 写真撮影に ／ **Capturing** 捕らえることは **moments and emotions** 瞬間と感情を **is like magic to me.** 私にとって魔法のようです ／ **And you?** そしてあなたは？ ／

I love 僕は愛しています **reading novels,** 小説を読むことを、 ／ **especially mysteries.** 特にミステリーを ／

That's wonderful! それは素晴らしいです！ ／ **We should explore** 私たちは探索すべきです **the city** 都市を **and** そして **take some photos** いくつかの写真を撮る **together sometime.** いつか一緒に ／

I'd love that. ぜひそうしたいです ／ **It's great** それは素晴らしいね **getting to know you better,** 君をよりよく知ることは、 **Misaki.** ミサキ ／

034

Invitation to Go Out on a Date!

EPISODE 3

Words and Phrases

☐ **I was wondering ...**：私は…と思っていた、…を不思議に思っていた、…はどうかなと思っていた　☐ **charming**：魅力的な　☐ **Would you be interested?**：興味ありますか？　☐ **cozy**：居心地の良い　☐ **ambiance**：雰囲気、大気　☐ **delightful**：楽しそうな

デートへのお誘い！

Hey Misaki! やあ、ミサキ！ / **I've really enjoyed** 僕は本当に楽しんでいます **our recent chats.** 僕たちの最近のおしゃべりを /

Me too, 私も、 **Andrew.** アンドリュー / **It's always a pleasure** いつも楽しいです **talking to you.** あなたと話すことが /

I was wondering... 僕はどうかなと思っていました… **there's** そこにはあります **this charming Italian restaurant** この魅力的なイタリアンレストランが **downtown.** 繁華街に / **Have you been?** 行ったことありますか？ /

No, I haven't. いいえ、行ったことないです / **But I've heard of it!** でもそれについては聞いたことがあります！ /

How about どうですか？ **we go there together** 一緒にそこに行くのは **this Saturday evening?** この土曜の夜に / **Would you be interested?** 興味ありそうですか？ /

That sounds wonderful! それは素晴らしそうですね！ / **I'd love to.** ぜひ行きたいです /

I'll book a table 僕はテーブルを予約します **for two.** 2人のために / **Then** それでは **it's a date!** デートですね！ /

I'm looking forward to it. 楽しみにしています / **Can't wait!** 待ちきれません！ /

It's a special place それは特別な場所です **with a cozy ambiance.** 居心地の良い雰囲気の / **Perfect** ピッタリです **for a relaxing evening.** リラックスした晩に /

Thank you ありがとう **for thinking of** 考えてくれて **it.** それを / **It sounds truly delightful.** それは本当に楽しそうです /

035

First Date!

Words and Phrases

☐ **to be honest**：正直に言うと　☐ **now that ...**：今や…だから
☐ **Not really.**：そんなことないわ。　☐ **the same**：同じこと
☐ **company**：仲間、友人、親交　☐ **here's to 〜**：〜に乾杯しよう

はじめてのデート！

Misaki, ミサキ、**this place is** この場所はあります **even more beautiful** さらにもっと美しく **with you here.** 君と共にここにいると ／

Oh, stop it, ああ、やめて、**Andrew!** アンドリュー！ ／ **Thank you.** ありがとう ／ **I was** 私はありました **a bit nervous** 少し緊張して **about tonight,** 今夜については、**to be honest.** 正直に言うと ／

Me too. 僕も ／ **But** でも **now that we're here,** 今僕たちがここにいるから、**everything feels** 全てが感じられます **right.** 正しいと ／ **Have you been** 君は行ったことがありますか **on many dates** たくさんのデートに **since coming to Los Angeles?** ロサンゼルスに来てから ／

Not really. そんなことないわ ／ **It's been** それはずっとありました **about studying and exploring the city.** 勉強することとこの街を探索することで ／ **How about you?** あなたはどうですか？ ／

A few. いくつか ／ **But** でも **tonight feels...** 今夜は感じます… **feels different.** 違う気がします ／ **More special.** もっと特別な ／

I feel 私は感じます **the same.** 同じことを ／ **There's** そこにはあります **something** 何か **about sharing** 分かち合うことについて **moments** 瞬間を **with the right** company. 適切な相手と共に ／

Exactly. まさに ／ （**Raising their glasses of wine** ワインを掲げて）**Here's** 乾杯しよう **to our new beginnings and wonderful evenings!** 新しい始まりと素晴らしい晩に！ ／

Cheers to that! そのことに乾杯！ ／

036

Building a Connection!

Words and Phrases

- impact on ～：～への衝撃、影響
- shelter：施設
- perspective：視点
- heartwarming：心温まる
- tea ceremony：お茶の儀式
- connection：つながり
- brief：短い
- shape：形作る
- completely：完全に
- agree：同意する

二人のきずなを築く！

Andrew, アンドリュー **did you ever have** あなたは今までに持ったことがありますか？ **a moment** 瞬間を **when** そのときには **something small** 何か小さなことが **made a huge impact** 大きな衝撃を生んだというような **on your life?** あなたの人生に ／

Absolutely. もちろん ／ **Once,** かつて、 **I found** 僕は見つけました **a lost dog.** 迷子の犬を ／ **I returned it** 僕はそれを返しました **to its owner,** その飼い主に、 **and** そして **that act led me** その行為は僕を導きました **to volunteer** ボランティアになるために **at an animal shelter.** 動物の保護施設で ／ **It changed** それは変えました **my perspective** 僕の視点を **on life.** 人生に対する ／

That's heartwarming. それは心温まるものです ／ **When I was in Japan,** 私が日本にいたとき、 **I met** 私は会いました **an elderly woman** 年配の女性に **who taught me** そして彼女は私に教えました **traditional tea ceremonies.** 伝統的なお茶の儀式を ／ **She said,** 彼女は言いました、 **"Connections,** 「繋がりは、 **even brief,** たとえ短くても、 **shape our lives."** 私たちの人生を形作る」と ／

I completely agree. 僕は完全に同意します ／ **It's** それはあります **like how our unexpected meeting** どのように僕たちの予期しない出会いが **is shaping** 形作っているか **our experiences now.** 今の僕たちの経験を ／

Yes, はい、 **every story and experience** 全てのストーリーと経験は **we share** 私たちが分かち合う **brings us closer.** 私たちをより近づけます ／ **It's beautiful** それは美しいです **how life works.** 人生がどのように機能するかが ／

Truly. 本当に ／ **And sharing these moments** そしてこれらの瞬間を共有することは **with you** あなたと **makes them** それらを します **even more special.** さらに特別なものに ／

 EPISODE

4

Summer

夏

登場人物紹介

Andrew
ミサキの恋人

037

Watching a Baseball Game

Words and Phrases

☐ **pastime**：楽しみ、気晴らし　　☐ **stadium**：スタジアム（発音をカタカナで表すのは良くないが、「スタジアム」ではなく、「ステイディアム」が近い）

☐ **electrifying**：電気が走るような　　☐ **go into ～**：～に入る、突入する

☐ **inning**：イニング、回　　☐ **must-see**：絶対観るべきもの

☐ **action-packed**：アクション満載な　　☐ **exhilarating**：とても興奮する

野球の試合観戦

Hey, ねえ、have you guys ever watched あなたたち観たことがある？ a live baseball game? ライブの野球の試合を ／ In Japan, 日本では、it's a huge pastime. それは大きな楽しみなの ／

Baseball games here are ここでの野球の試合はある such a treat. とっても楽しみで ／ Especially, 特に、the energy そのエネルギーは in Dodger Stadium ドジャースタジアムの is ある electrifying. 電気を帯びているようで ／ The last game 最後の試合は I attended 私が出席した went into 突入した extra innings. 延長戦に ／ The crowd was 観客はあった absolutely wild. 絶対に熱狂的で ／

That sounds thrilling! それはワクワクするね！ ／ I'd love to experience 私はすごく経験したい that. それを ／ Any recommendations 何かオススメは？ for the best team 最適なチームの to watch? 観るのに ／

Well, we're in Los Angeles, まあ、私たちはロサンゼルスにいる、so the Dodgers are だからドジャースはある a must-see. 絶対に観るべきもので ／ Their games are always 彼らの試合は常にある action-packed. アクション満載で ／

Agreed. 同意 ／ Plus, さらに、there's nothing そこにはない like the seventh-inning stretch 7回裏のストレッチは and そして singing 歌うようなものは "Take Me Out to the Ball Game." 『私を野球に連れてって』を ／

And don't forget そして忘れないで the wave! ウェーブを！ ／ Participating in 参加することは that それに with thousands of fans 何千人ものファンと is ある exhilarating. とても興奮することで ／

110

038

Cheering for the Home Team

Words and Phrases

☐ **score**：得点する　☐ **go wild**：熱狂する　☐ **mascot**：マスコット
☐ **sumo wrestling**：相撲　☐ **intense**：激しい、熱い　☐ **fast-paced**：
スピーディーな　☐ **no matter where**：どこであろうと

ホームチームを応援する

I've never been 私は行ったことがない to a college football game 大学のフットボールの試合に before! これまで！ / The energy is エネルギーはある so different とても異なる from baseball games 野球の試合とは in Japan. 日本での /

Oh, it's ああ、それはある a whole new experience! 全くの新しい経験で！ / Just wait ちょっと待って till our home team scores 私たちのホームチームが得点するまで a touchdown. タッチダウンを / The whole stadium goes wild! スタジアム全体が熱狂的になる！ /

Absolutely! その通り！ / And そして the band, cheerleaders, and mascots all add バンドやチアリーダー、そしてマスコットの全てが加わって to the vibrant atmosphere. 賑やかな雰囲気を作り出すの / Do you have あなたは持っている？ a favorite sport お気に入りのスポーツを you like あなたが好きな to watch? 観ることを /

In Japan, 日本では、 I loved 私は大好きだった watching 観戦することが sumo wrestling. 相撲を / It's それはある traditional 伝統的で and そして so intense. とても激しく / But here, でもここでは、 I'm learning 私は学んでいる to love 大好きになるために basketball. バスケットボールを /

Basketball is バスケットボールはある great! 素晴らしく！ / And そして so fast-paced. とてもスピーディーで / We always cheer loudly 僕たちはいつも大きな声で応援する for our team! 僕たちのチームのために！ /

I'd like to see that! 私はそれを観たくなるでしょう！ / Sports really bring スポーツは持ってくる people 人々を together 一つに no matter where どこであろうと you're from. あなたの出身が /

039

Excitement
at the Basketball Arena

Words and Phrases

☐ **spectacular**：すごい、壮観な　☐ **long-range**：長距離の、長期の
☐ **three-pointer**：スリーポイントシュート　☐ **precision**：精度、正確さ
☐ **grab**：掴み取る　☐ **arena**：アリーナ、競技場　☐ **nothing beats 〜**：
〜に何も勝るものはない（日本語の「〜は最強だね」みたいな感じでよく使う）

バスケットボールアリーナでの興奮

The atmosphere 雰囲気は at Crypto.com Arena クリプト・ドットコム・アリーナの is ある absolutely electrifying! 絶対に電気が走るほどで！ ／

Totally agree! 完全に同感！ ／ Every spectacular slam dunk それぞれの壮観なスラムダンクは makes する the crowd go wild. その観客を熱狂的に ／

And those dribbling skills! そして、あのドリブルの技術！ ／ Did you see あなたは見た？ that long-range three-pointer? あの遠投のスリーポイントシュートを ／ The precision その精度は of these players これらの選手たちの is ある truly incredible! 本当に信じられなく！ ／

Right! その通り！ ／ It's so different それはとても違う from just watching 観ているだけとは it それを on TV. テレビで ／ Here, ここでは、you can feel 君は感じることができる the energy エネルギーを and excitement. そして興奮を ／

I also love 私もまた大好き the halftime shows. ハーフタイムのショーが ／ So much talent とっても多くの才能が on display! 見られる！ ／

Definitely! その通り！ ／ Let's grab 掴み取ろう a snack スナックを during the break. 休憩中に ／ Arena food is always アリーナの食べ物はいつもある part 一部で of the whole experience! 全体の体験の！ ／

For sure! 確かに！ ／ Nothing beats 何物も勝るものはないわ a hot dog or nachos ホットドッグやナチョスに during a game. 試合中の ／

114

040

At the Post Office

040

Words and Phrases

☐**package**：小包（イギリスではparcelと言う）　☐**weigh**：重さを測る
☐**shipping**：配送　☐**express**：速達　☐**urgent**：急ぎの
☐**tracking**：追跡　☐**stamp**：切手　☐**come to ~**：合計が〜になる

郵便局で

Hello! こんにちは！ / **I need to send** 私は送る必要があります **this package** この小包みを **to Japan.** 日本に / **How much** いくらに **would it be?** それはなりますか？ /

Sure, 了解です、**let me weigh** 重さを測らせてください **it.** それの / **Do you want standard shipping** あなたは通常の発送を希望しますか？ **or** もしくは **express?** 速達を /

How long どのくらいの期間が？ **does standard shipping take?** 通常の便はかかりますか /

About 10-15 days. 約10日から15日です / **Express is 3-5 days,** 速達は3日から5日です、**but** しかし **it's more expensive.** それはもっと高価です /

I'll go 私は行きます **with express.** 速達で / **It's a bit urgent.** 少し急ぎなんです /

Alright, 了解です、**that'll be $100.** 100ドルになります / **Do you need** あなたは必要ですか？ **tracking?** 追跡が /

Yes, please. はい、お願いします / **Can I also buy some stamps?** 切手も購入できますか？ /

Of course! もちろんです！ / **How many do you need?** いくつ必要ですか？ /

Just a book of ten, please. ただ10枚のシートを1つ、お願いします /

Here you go. はい、どうぞ / **Your total comes to $115.** 合計115ドルになります / **Thank you!** ありがとうございます！

041

At the Hair Salon

Words and Phrases

☐ **appointment**：予約　☐ **blow-dry**：ブロー（ドライヤーで髪を乾かすこと）　☐ **layer**：レイヤー（部分的にカットして髪の長さに段差をつけること）
☐ **be all set**：準備がすっかり整っている　☐ **strive to ...**：…することに努める

美容院で

Hi, I'd like to book an appointment こんにちは、私は予約をしたいです **for a haircut and a blow-dry.** ヘアカットとブローの /

Sure thing! もちろん！ / **How about** どうですか？ **tomorrow** 明日 **at 2 pm?** 午後2時は /

That sounds それは聞こえます **perfect.** 完璧に / **Do you offer** あなた方は提供しますか？ **hair treatments as well?** ヘアトリートメントも /

Yes, we do. はい、私たちはやっています / **We have** 私たちは持っています **a popular deep-conditioning treatment.** 人気のディープコンディショニングトリートメントを / **Interested?** 興味がございますか？ /

Definitely! ぜひ！ / **Please** お願いします **add that.** それを追加して / **Oh, and** ああ、そして **can I get** 私は得られますか？ **some layers?** いくらかのレイヤーを /

Of course! もちろん！ / **Layers would look** レイヤーは見えるでしょう **great** 素晴らしく **on you.** あなたにとって / **Your appointment is all set.** あなたの予約は全て設定されています / **See you** 会いましょう **tomorrow!** 明日！ /

Thank you! ありがとう！ / **I'm looking forward to it.** 楽しみにしています /

You're welcome! どういたしまして！ **We always strive** 私たちは常に努めてまいります **to give** 提供することを **our clients** 私たちのお客様に **the best experience.** 最高の体験を / **Just relax and enjoy!** リラックスしてお楽しみください！ /

042

Shopping at a Grocery Store

Words and Phrases

☐ **grocery**：食料品　☐ **shopping list**：買い物リスト　☐ **produce**：農作物　☐ **organic**：有機の　☐ **stock up**：補充する、ためこむ　☐ **greens**：緑の多い野菜　☐ **bell pepper**：ピーマン　☐ **discount**：値引き、割引　☐ **dairy products**：乳製品　☐ **apply**：申し込む　☐ **handy**：便利な、手頃な

119

スーパーマーケットで買い物

I need to pick up 私は拾い上げる必要があります **some groceries.** いくつかの食料品を ／ **Do you have** あなたは持っていますか？ **a shopping list?** 買い物リストを ／

Yes, はい、 **but** でも **let's grab** 私たちは取りましょう **a cart** カートを **first.** まず ／ **This might be** これはなるかもしれない **a big shopping day!** 大きな買い物の日に！ ／

Alright. わかったわ ／ **Excuse me,** すみません、 **I'm looking for** 私は探しています **some fresh produce,** 新鮮な農作物を、 **especially** 特に **vegetables.** 野菜を ／

Our organic section is 私たちの有機セクションはあります **right there,** ちょうどそこに、 **ma'am.** お客様 ／ **We just stocked up** 私たちはちょうど補充しました **on greens and bell peppers.** 野菜とピーマンを ／

Let's also get 取りましょう **some milk and eggs.** いくらかのミルクと卵も ／ **Oh, and** ああ、そして **bread** パンを **from the bakery aisle.** ベーカリーの通路から ／

Sounds good. 良さそうだわ ／ **Do they have** 彼らは持っていますか？ **any discounts** 何かの割引を **today?** 今日 ／

Yes, はい、 **we have** 私たちは持っています **a sale** セールを **on dairy products.** 乳製品に ／ **And** そして **if you have** もしあなたが持っていれば **our store card,** 私たちの店のカードを、 **you get** あなたは得ます **extra points.** 追加のポイントを ／

I don't have 私は持っていないです **one.** それを ／ **Is it easy** それは簡単ですか？ **to apply?** 申し込むのは ／

🧑 **Very easy!** とても簡単です！ ／ **Just fill out** ただ記入してください **this form** このフォームに **at the counter.** カウンターで ／ **You'll also get** あなたは得るでしょう **coupons** クーポンも **for your next visit.** あなたの次の訪問用の ／

- -

👩 **That's handy!** それは便利ね！ ／ **Let's do that.** 私たちはそれをしましょう ／

- -

👩 **Definitely.** 確かに ／ **Thanks for the tip!** お得情報をありがとう！ ／

Column 11   I was wondering

　Unit 034で登場するI was wonderingという表現。日本語に訳すと、中々しっくりとこない表現ですし、辞書にもうまく訳が載っていない表現のためか、中級以上の学習者でも、日本人の方はなかなか使わない表現ですよね。でも、実はネイティブたちはとっても良く使います。

　I was wondering ...「ちょっと、どうかなって思うんだけど…」と、相手の興味を引いて、そこから「お願い」や「質問」を言うんです。日本語訳で考えるとなんだかしっくりこないんですが、機能的に考えればとっても簡単で、**「丁寧にお願いや質問を切り出す」**ときの常套句なんです。英語で説明するなら、A polite way to introduce a request or question.といった感じでしょうか？　デートの誘いには、丁度良い表現です！

Column
12

see の
「見る」と「会う」という意味

seeという単語、「見る」という意味ですが、「会う」という意味でも広く使われます。しかし、この両方で使われるということから、ときどき紛らわしい事態を引き起こします。

例えば、I saw Lucy yesterday. と聞くと、**「私は昨日ルーシーに会った。」とも受け取れるし、「私は昨日ルーシーを見た（見かけた）。」とも受け取れる**のです。

そんなとき、多くの場合、聞き返して確認します。How was she?「彼女は元気だった？」などと聞いて、She was good.「彼女は元気でしたよ。」と答えたら、会ったということになりますし、I don't know, but she seemed fine.「わからないけど、元気そうでしたよ。」と答えたら、どこかで見かけただけかもしれません。

Column
13

thinking of /
thinking about

本書で何度か登場するI'm thinking of ~ingという表現。**ほぼそうすることを考えている**場合に使います。

例えば、I'm thinking of getting married this June.「私は今年の6月に結婚することを考えている。」と言えば、結婚することは決まっていて、今準備をしている状況です。

一方、I'm thinking about my future.「私は将来を考えています。」と、ofではなくaboutを使うとどうなるでしょう。これは考えているといっても、**結論には至っていない**ときに使う表現です。この場合、「将来どうしようか、ずっと考えている」といったニュアンスになります。

043

Meal Time

043

Words and Phrases

☐ **a touch of ～**：少量の～　☐ **basil**：バジル　☐ **gather**：集まる
☐ **grace**：感謝の言葉　☐ **amen**：アーメン（お祈りの最後に添える言葉）

お食事の時間

This pasta is delicious, Anne. このパスタは美味しいわ、アン / **What's** 何ですか？ **the secret ingredient?** 秘密の材料は /

Thank you, Misaki. ありがとう、ミサキ / **I add** 私は加えます **a touch of fresh basil** 少しの新鮮なバジルを **from our garden.** 私たちの庭からの /

I always look forward 私はいつも楽しみにしている **to mom's pasta nights.** ママのパスタの夜を / **It's my favorite.** それは私の一番のお気に入り /

It's それはあるんです **a family tradition.** 家族の伝統で / **We always gather** 私たちはいつも集まります **for meals** 食事のために **and** そして **share our day.** 1日を共有します /

I noticed 私は気づきました **that** 次のことに **some Americans say** 一部のアメリカ人が言うことに **grace** 感謝の言葉を **before eating.** 食べる前に / **Do you do that?** あなたたちはそれをしますか？ /

Yes, we do. はい、私たちはそうします / **Let's say grace.** 感謝の言葉を言いましょう / **"Thank you for the food we eat!** 「私たちが食べる食べ物に感謝します！ / **Thank you for the world so sweet!** とてもやさしい世界に感謝します！ / **Thank you for the birds that sing!** 歌う鳥たちに感謝します！ / **Thank you, God, for everything!"** 全てのものを、神様に感謝します！」 /

Amen! アーメン！ /

124

044

Group Project Discussion

Words and Phrases

☐**strategy**：戦略　☐**statistics**：統計　☐**trend**：流行（fadsともいう）
☐**related to ～**：～と関係がある　☐**be good with ～**：～が得意であ
る　☐**aim**：目指す　☐**collaborate**：協力する　☐**effectively**：効果
的に　☐**update**：更新する

グループプロジェクトの話し合い

Hey, guys! ねえ、皆！ / **We need to start** 私たちは始めないと **planning** 計画することを **our group project** 私たちのグループのプロジェクトの **for Professor Smith's class.** スミス教授の授業の /

Absolutely. その通りね / **I was thinking** 私は考えていた **we should focus on** 私たちは焦点を合わせるべきだと **the impact** そのインパクトに **of social media** SNSの **on modern marketing strategies.** 現代のマーケティング戦略における /

Good idea. 良い考え / **I can research** 私は調べられる **the statistics and trends** 統計と流行を **related** 関係がある **to that.** それに /

I'm good 私は得意 **with creating** 作り上げることが **the presentation slides and organizing our findings.** プレゼンのスライドと私たちが発見したことの調整を /

Then I'll work on それじゃ私は取り掛かるわ **the written report.** 書面の報告書に / **When** いつ？ **should we have everything ready?** 私たちは全ての準備をしたら良いの /

Let's aim 目指しましょう **for two weeks** 2週間後を **from now.** 今から / **That should give** それは与えるはずよ **us** 私たちに **enough time** 十分な時間を **to collaborate** 協力するのに **effectively.** 効果的に /

Agreed. 賛成 / **Let's keep in touch** 連絡を取り合いましょう **and** そして **update** 更新しましょう **each other on our progress.** お互いの進捗状況を /

Teamwork makes チームワークは実現させる **the dream work,** その夢が動くのを、 **right?** でしょう？ /

045

Navigating the Future

Words and Phrases

☐ **fulfilling**：充実して、満たして ☐ **contemplate**：考える、もくろむ
☐ **mentorship**：指導（mentor：メンター、顧問、師匠） ☐ **be passionate about ～**：～に情熱がある ☐ **firm**：企業 ☐ **outline**：概要を描く
☐ **long-term**：長期的な ☐ **Your support means a lot.**：あなたのサポートの意味は大きい。

未来のナビゲート

Hi, Misaki. こんにちは、ミサキ ／ How's どうですか？ your academic journey going? あなたの学業の進展は ／

It's been fulfilling, それは充実しています、but でも I'm contemplating 私は考えています my future steps. 将来のステップを ／

That's where それは理由になります mentorship comes in. メンターシップが来る ／ What are 何ですか？ your career aspirations? あなたの職業の願望は ／

I'm passionate 私は情熱があります about the environment 環境に and dream そして夢に of working 働くという in a global firm. 国際企業で ／

Great! 素晴らしい！ ／ Let's outline 概要を描きましょう your long-term goals あなたの長期的なゴールの and そして create a plan. 計画を作りましょう ／

I need 私は必要です guidance 指導が on building relevant skills and networking. 関連するスキルの構築とネットワーキングの ／

We'll focus 私たちは集中しましょう on internships, workshops, インターンシップやワークショップに、and そして connecting you あなたを繋げることに with professionals. 専門家と ／

Your support means a lot. あなたのサポートの意味は大きいです ／ I'm excited 私はとても楽しみにしています about this journey. この旅路を ／

046

Form a Study Group

Words and Phrases

☐ **form**：形作る　☐ **review**：復習する　☐ **clarify**：明らかにする

☐ **doubt**：疑問点、疑問　☐ **daunting**：おじけづく　☐ **be on board**：参加する　☐ **break down**：分解する　☐ **compile**：まとめる

☐ **material**：資料　☐ **stumble on ～**：～につまずく　☐ **tricky**：トリッキーな、微妙な　☐ **It's settled.**：解決した。

勉強グループを立ち上げよう

Hey guys, やあ皆、with exams coming up, 試験が近づいているね、how about we form 私たちが形作るのはどうかな? a study group 勉強グループを to review? 復習するために

That's a great idea. それは良いアイディアね / We can share 私たちはシェアできる notes ノートを and clarify 明らかにすることができる any doubts. そしてどんな疑問点も

Count me in! 私も入れて！ / Teamwork makes チームワークはする studying 勉強を less daunting. より怖くなく

I'm on board too. 僕も参加します / We could break down 僕らはかみ砕いて説明することができる topics 主題を and each take それぞれが担うことができる a section 担当を to explain. 説明するために

Perfect. 完璧だわ / Let's meet 会いましょうか? at the library 図書館で tomorrow? 明日

Sounds good. 良いわね / We can compile 私たちはまとめることができる study materials 学習資料を and set goals. そして目標を設定できるわね

And そして help 助け合いましょう each other お互いに when we stumble on つまずいたときには tricky concepts. トリッキーな概念に

Definitely. 絶対に / Working together, 一緒に頑張ろう、we'll ace 僕たちはうまくやるだろう these exams! これらの試験を！

It's settled then. それではまとまったね / Tomorrow at the library. 明日図書館で / Let's do this! 頑張りましょう！

047

School Clubs Fair

EPISODE 4

Words and Phrases

☐**fair**：フェア、市　☐**buzzing**：賑やかな　☐**Let's get started.**：始めよう。　☐**viewpoint**：視点　☐**catch one's eye**：～の目を引く
☐**inquire**：質問する

学校のクラブ・フェア

Wow, わあ、look at 見て all these clubs 全てのこれらのクラブを at the fair! フェアでの！ ／ This club fair is buzzing with energy! このクラブ・フェアは活気に満ちあふれているわ！ ／

So many clubs とてもたくさんのクラブね to choose from. 選ぶべき ／ Let's get started 始めましょう with the art club. 美術部から ／

And look, そして見て、the music club is 軽音楽部がある right next to it. 丁度その隣に ／ I play 僕は弾く the guitar, ギターを、so それで I've always wanted to play 僕はいつも演奏したかったんだ in a band, バンドで、and also そしてまた wanted to learn 学びたかったんだ a new instrument. 新しい楽器を ／

I'm actually considering 私は実は考えているの the debate club. 弁論部を ／ I enjoy discussing 私は話し合うことを楽しむわ different topics and viewpoints. 異なったテーマと視点を ／

Photography club caught 写真部が捉えたわ my eye 私の目を as well. 同じように ／

Let's approach アプローチしよう them それらに and inquire そして質問してみよう about their activities, schedules, and requirements. それらの活動やスケジュール、必要条件について ／

Good idea. 良い考えだわ ／ This is これはある a chance チャンスで to explore 探求する new interests 新しい興味を and そして make great memories. 素晴らしい思い出を作るのに ／

048
Music Club's Upcoming Concert

EPISODE 4

Words and Phrases

- [ ] **themed**：テーマのある　[ ] **be in charge of ～**：～の担当である
- [ ] **publicity**：宣伝　[ ] **distribute**：配布する、分配する、配給する
- [ ] **flyer**：チラシ　[ ] **promote**：推進する、宣伝する　[ ] **decoration**：デコレーション　[ ] **promotion**：宣伝　[ ] **contribute**：貢献する、寄与する

音楽クラブの間近に迫ったコンサート

Hey, ねえ、I heard 私は聞いたんだ the music club is preparing 音楽クラブが準備をしているって for a big concert. 大きなコンサートの / Are you guys involved? あなたたちは関わっているの? /

Yeah, I'm helping うん、私は手伝っている with the set design. 舞台デザインを / It's going to be それはなるよ a themed concert. テーマがあるコンサートに /

I'm in charge of publicity. 私は宣伝を担当しているの / We've been distributing flyers and promoting 私たちはチラシを配布したり宣伝したりしているわ it それを on social media. SNSで /

And I'm part of the band performing. そして僕は演奏するバンドの一員なんだ / We've been practicing 僕たちは練習しているよ really hard. 本当に一生懸命に /

That sounds exciting. それはワクワクするわね / Can I help out too? 私も手伝って良い? /

Definitely! 絶対に! / We could use help 私たちは手伝ってもらえるとありがたいわ with decorations and promotion. デコレーションや宣伝の / It would be fun それは楽しいだろうね to work on this これに取り組むのは together! 一緒に! /

For sure. 確かに / It's going to be それはなるんだ a great event 素晴らしいイベントに and a chance そしてチャンスに to showcase 披露する our club's talents. 僕らのクラブの才能を /

Thanks, guys. ありがとう、皆 / I'm looking forward 私は楽しみにしているね to contributing and enjoying 貢献して楽しむのを the concert! コンサートに! /

049

After School at Home

Words and Phrases

☐ **comb**：髪をとかす ☐ **vacuum**：掃除機をかける ☐ **do the laundry**：洗濯をする ☐ **fold up**：たたむ ☐ **messy**：散らかっている ☐ **wash the dishes**：皿を洗う ☐ **remember to ...**：…を覚えておく ☐ **drip**：滴る

放課後に家で

I'm home! ただいま！ / It was a long day 長い一日でした at school. 学校での / I'm so exhausted. 私はとても疲れているわ /

Welcome back! おかえり！ / College life must be tiring. 大学生活は疲れるに違いないわ / Want to comb your hair あなたの髪をとかせて and relax a bit? 少しリラックスしたい？ /

Thanks, Lisa. ありがとう、リサ / That's a good idea. それは良い考えね / I'll do that それをするわ after I vacuum the floor, 床に掃除機をかけた後に、 do the laundry 洗濯をして and fold up the clothes. そして服をたたむ / My room is so messy now. 私の部屋は今とても散らかっているの /

Oh, Misaki, ああ、ミサキ、you don't have to do あなたはする必要はないのよ that tonight. 今夜は / You look tired. 疲れているように見えるわ / Just rest! ただ休んで！ /

Thank you, Anne. ありがとう、アン / But I don't mind. でも私は気にしません / I can wash 私は洗うことができます the dishes お皿を later. 後で /

That's kind of you. それは親切だね / But remember でも覚えていてね to turn off 閉めることを the water properly. 水をきちんと / Last time, 前回、it was dripping 滴っていましたよ all night! 一晩中！ /

I promise, Ian! 私は約束します、イアン！ / I'll be careful. 気をつけます /

050

Movie Night

Words and Phrases

☐ **genre**：ジャンル（発音は「ジョンラ」が近い）　☐ **romantic comedy**：
ロマンティック・コメディ　☐ **action movie**：アクション映画
☐ **captivate**：魅了する　☐ **taste**：趣味　☐ **blend**：混ぜ合わせる、組
み合わせる

ムービーナイト

Hey, Misaki! ねえ、ミサキ！ ／ Let's have 持とう a movie night. 映画の夜を ／ What genre どのジャンルを do you prefer? あなたはより好む？

I'm into 私は今はまっている romantic comedies. ロマンティック・コメディに ／ They always make me smile. それらはいつも私を笑顔にする ／ How about you? あなたはどう？ ／

I enjoy 私は楽しむ action movies. アクション映画を ／ The intense scenes 強烈なシーンは always captivate いつも魅了する me! 私を！

Ah, quite different tastes! ああ、かなり異なる趣味ね！ ／ Let's pick 選びましょう a movie 映画を we'll both enjoy. 私たち両方が楽しむ ／

How about a film 映画はどう？ that blends both? それは両方を組み合わせている ／ Like "Mr. & Mrs. Smith"? 『ミスター＆ミセス・スミス』みたいな？ ／

Great choice! 素晴らしい選択ね！ ／ I love 私は大好きよ the mix ミックスが of romance and action ロマンスとアクションの in it. その中に ／

Perfect. 完璧ね ／ It offers それは提供する the best 最高を of both worlds. 両方の世界の ／

Definitely. 確かに ／ Grab 手に取って some popcorn, ポップコーンを、and let's start そして始めよう our movie marathon! 私たちの映画マラソンを！ ／

Sounds exciting! 興奮するね！ ／ This will be これはなるでしょう a fun night. 楽しい夜に ／

138

051

Growing Closer!

051

Words and Phrases

- ☐ **ages ago**：何年も前　☐ **something beautiful**：何か美しいもの
- ☐ **grow close**：近くなる　☐ **sunset**：日没　☐ **late-night**：深夜
- ☐ **deep bond**：深い絆　☐ **cherished**：大切にされる

近づいていく関係！

Andrew, do you remember アンドリュー、あなたは覚えている？ **our first meeting?** 私たちの最初の出会いを ／ **It feels** それは感じられる **like** ages ago, ずっと前のように、**yet so fresh** でもまだとても新鮮に **in my memory.** 私の記憶の中では ／

I do. 僕も覚えている ／ **That unexpected moment became** その予期しない瞬間はなったよ **the start** 始まりに **of** something beautiful. 何か美しいものの ／ **I never imagined** 僕は決して想像しなかった **we'd** grow **this** close. 僕たちがこれほど近くなることを ／

It's amazing それは驚くべきことね **how** どのように **sharing** 分かち合うことが **simple moments,** 単純な瞬間を、**like watching** sunsets **or** late-night **chats,** 日没を見ることや深夜の会話といったような **can create** 作り出すことができるのか **such a** deep bond. こんなに深い絆を ／

Agreed. 同感 ／ **And every little thing** そして全ての小さなことは **we learn about each other** 僕たちがお互いについて学ぶ **just makes me appreciate you more.** ただ僕があなたをもっと高く評価するようにさせる ／ **Like your love** あなたの愛のように **for photography.** 写真への ／

And そして **your passion** あなたの情熱 **for classic movies!** 古典映画への！ ／ **It's** それはあるの **these shared experiences** これらの共有された経験で **that** そしてそれは **make our connection stronger.** 私たちの関係を強化するわ ／ **Every moment** 全ての瞬間は **with you** あなたとの **is a** cherished **memory.** 大切にされる思い出よ ／

Here's to 乾杯しよう **creating many more memories** さらに多くの思い出を作るために **together,** 一緒に、**Misaki.** ミサキ ／

052

Support and Encouragement!

Words and Phrases

☐ **overwhelming**：圧倒的な　☐ **excel**：優れる　☐ **fiercely**：激しく
☐ **competitive**：競争的な　☐ **possess**：所有する　☐ **genuinely**：本当
に、誠実に　☐ **set ~ apart**：〜を際立たせる　☐ **burn the midnight oil**：
夜遅くまで働く、勉強する　☐ **dedication**：献身　☐ **commendable**：
称賛されるべき　☐ **stay motivated**：やる気を維持する　☐ **uplift**：励ます
☐ **chase**：追いかける

サポートと元気づけが必要！

Andrew, アンドリュー、sometimes the pressure here feels 時々ここでのプレッシャーは感じられる really overwhelming. 本当に圧倒するようだと ／ I want to excel and be the best 私は優れたいし一番になりたい in my field, 私の分野で、but it's でもそれはあるわ so fiercely competitive. とても激しく競争的で ／

I truly believe 僕は本当に信じる in you, 君を、Misaki. ミサキ ／ Always remember いつも思い出して why you started なぜ君が始めたのか this journey. この旅を ／ You possess 君は持っている an incredible passion and talent 信じられないほどの情熱と才能を that そしてそれは genuinely sets you apart. 本当に君を際立たせる ／

Thanks, Andrew. ありがとう、アンドリュー ／ I've often seen 私はしばしば見てきた you burning the midnight oil あなたが夜遅くまで勉強するのを for your research. あなたの研究のために ／ Your dedication is あなたの献身はある commendable, 称賛されるべきで、and I truly admire そして私は本当に尊敬している that. それを ／ Always remember いつも思い出して your end goal. あなたの最終目標を ／

It's easier それはもっと簡単 to stay motivated やる気を持ち続けることは when I have 僕が持っているときに someone like you 君のような誰かを by my side. 僕の側に ／ Together, 一緒に、we'll uplift 僕たちは励まそう each other, お互いを、okay? 良い？ ／

Absolutely. もちろん ／ We have 私たちは持っているわ big dreams 大きな夢を to chase, 追いかけるべき、and together, そして一緒に、we'll surely achieve 私たちは確かに達成するでしょう them. それらを ／

053

Romantic Getaway!

Words and Phrases

☐ **delightful**：魅力的　☐ **have ~ in mind**：〜をしようと考えている
☐ **quaint**：かわいらしい　☐ **stroll**：散歩する　☐ **sample**：試す　☐ **It sounds like a plan.**：それは計画みたいに聞こえる。→決まったみたいだね。

ロマンチック逃避行！

Misaki, I've been thinking... ミサキ、考えていたんだけど… ／ How about we escape the city この街から逃げ出すのはどうだろう？ this weekend? 今週末に ／ Just a little getaway ちょっとした小旅行を for the two of us. 二人のために ／

Oh, Andrew, ああ、アンドリュー、that sounds delightful! それは魅力的に聞こえる！ ／ Do you have あなたは持っている？ a particular place 特定な場所を in mind? 心に ／

How about a charming beach town? 魅力的なビーチの街はどうだろう？ ／ We could book 僕たちは予約できる a quaint cabin, かわいらしいキャビンを、stroll on the beach, ビーチを散歩して、and そして enjoy 楽しむ the sunset 日没を together. 一緒に ／

I absolutely love 私は絶対に大好きよ that idea. その考えが ／ It's a great chance それは素晴らしいチャンスね for us 私たちにとって to relax, share deep conversations, and build beautiful memories. リラックスして、深い会話を分かち合って、そして美しい思い出を築くのに ／

That's the spirit! その気力だよ！ ／ We can also sample 僕たちはまた試食もできるよ local dishes, 地元の料理を、capture the moments 瞬間を捕まえることができるよ and genuinely appreciate そして本当に感謝することができるよ our time 僕たちの時間を together. 一緒に ／

It sounds like a plan. 決まったみたいね ／ I'm really looking forward 私は本当に楽しみにしている to this special time この特別な時間を with you. あなたとの ／

054

Surprise Gesture!

Words and Phrases

☐ **fairy light**：フェアリーライト（イルミネーションの電飾）　☐ **cherish**：
大切にする　☐ **fitting**：適切な　☐ **make my day**：最高の日にする、私
を楽しませる（このセリフ、クリント・イーストウッド主演の映画、『ダーティーハリー』
シリーズで有名に）　☐ **This means the world to me.**：これは私にとって
世界を意味します。→これは私にとって非常に価値があります。

サプライズ・ジェスチャー！

Andrew, アンドリュー、why did you ask なぜあなたは頼んだの？ me 私に to meet 会うことを you あなたと at the park's entrance? 公園の入り口で ／

Well, I wanted to make まあ、僕はしたかったのさ today 今日を special. 特別に ／ Close your eyes 君の目を閉じて for a moment. ちょっとだけ ／

Okay, they're closed. わかったわ、閉じてるよ ／

Now, open! さあ、開けて！

（Misaki opens her eyes to see ミサキが目を開けると見えた a picnic set up ピクニックがセットアップされているのが under a tree 木の下に with fairy lights and her favorite flowers. フェアリーライトと彼女の一番のお気に入りの花とともに ／）

Wow, this is magical! わぁ、これは魔法のよう！ How どうやって？ did you manage あなたはやり遂げたの all this? これ全部を ／

Just wanted to show ただ示したかった you 君に how much どれだけ I cherish 僕が大切に思っているかを our time 僕らの時間を together. 一緒にいる ／ A surprise seemed fitting. サプライズは適切だったかな ／

It's perfect! それは完璧よ！ You always know あなたはいつも知っているわね how to make my day. どう私を楽しませるかを ／

Just little efforts ほんの小さな努力だよ for creating memories with you. 君との思い出を作るための ／

Thank you, Andrew. アンドリュー、ありがとう ／ This means the world to me. これは私にとって非常に価値があるわ ／

College Excursion in NY

ニューヨークの修学旅行

登場人物紹介

Katherine
ミサキの学友。サンフランシスコ出身。
ニックネームは Kate

Jennifer
ミサキの学友。カナダのバンクーバー出身。
ニックネームは Jenn

Albert
ミサキの学友。多趣味

055

Planning the Excursion to NY

Words and Phrases

☐ **concierge**：コンシェルジュ（英語では発音が違うので要注意！）
☐ **must**：（名詞で）必見、必須　☐ **rave**：絶賛の　☐ **I'm on it.**：私がそれを担当する。　☐ **boutique hotel**：ブティックホテル（都会にある、小さくておしゃれなホテル）　☐ **Central Park**：セントラルパーク（ニューヨークの有名な都会型公園）　☐ **The Met（The Metropolitan Museum of Art）**：ザ・メット（ニューヨークにある大きな美術館）　☐ **itinerary**：旅程

ニューヨークへの小旅行を計画しよう

I just spoke 私はちょうど話したの with the hotel concierge ホテルのコンシェルジュと in New York. ニューヨークの ／ They suggested 彼らは提案した some popular attractions いくつかの人気の観光地を we should visit. 私たちが訪れるべき ／ How about どうですか？ the Statue of Liberty? 自由の女神像は ／

Oh, definitely! ああ、もちろん！ ／ And I hear そして私は聞いている Broadway shows are ブロードウェイのショーがあると a must. 必見で ／ We should make 私たちはするべきよ a reservation 予約を for a popular one. 人気のあるもののために ／

Agreed! 賛成！ ／ And for the restaurant, レストランのために、 I've heard rave reviews 私は絶賛のレビューを聞いている about "The Skyline Diner." 「ザ・スカイライン・ダイナー」について ／ We should book 私たちは予約するべきよ a table テーブルを there. そこに ／

Sounds delicious. それは美味しそう ／ Did you also think about 君はまた考えた？ where どこに we'll be staying? 僕たちが滞在するかを ／

I'm on it. 私がそれを担当するね ／ I found 私は見つけた a cozy boutique hotel 快適なブティックホテルを near Central Park. セントラルパークの近くに ／ I'll be booking 私は予約しておくね our rooms 私たちの部屋を tonight. 今夜 ／

Perfect! 完璧ね！ ／ And let's not forget そして私たちは忘れないようにしよう the museums. 博物館を ／ The Met is ザ・メットはある a must-visit. 必ず訪れるべき場所で ／

Absolutely. 絶対に ／ I'll create 私が作成するね an itinerary, 旅程を、 so we cover だから私たちがカバーする all these places. これらの全ての場所を ／

056

Checking into a Hotel

Words and Phrases

☐ **under the name of 〜**：〜の名前で　☐ **check-out time**：チェックアウトの時間　☐ **wakeup call**：モーニングコール　☐ **Where to ?**：どこへ？　☐ **noted**：記録される　☐ **Enjoy your time.**：あなたの時間を楽しんでください。

ホテルでチェックイン

🔵 **Good evening!** こんばんは！ / **How may I help you?** どのようにお手伝い致しましょうか？ /

🔵 **Hi!** こんにちは！ / **We have** 私たちは持っています **a reservation** 予約を **under the name of Misaki Sasaki.** ミサキ・ササキの名前で /

🔵 **Ah, yes.** ああ、はい / **I see it here.** こちらで確認します / **Will you be staying** あなた方は宿泊ですか？ **for three nights?** 3泊 /

🔵 **That's right.** その通りです / **And could you please tell us** そして私たちに伝えていただけますか？ **the check-out time?** チェックアウトの時間を /

🔵 **Certainly.** かしこまりました / **Check-out is at 11 AM.** チェックアウトは午前11時です / **Would you like** お望みですか？ **a wakeup call?** モーニングコールを /

🔵 **Yes, please.** はい、お願いします / **At 7 AM.** 午前7時に / **Also,** それから、 **is it easy** それは簡単ですか？ **to catch a taxi** タクシーを捕まえることは **from here?** ここから /

🔵 **Absolutely!** 絶対に！ / **Just ask** ただ尋ねてください **us** 私たちに **at the front desk,** フロントの、 **and we'll assist you.** そして私たちはあなた方をサポートします / **Where to?** どこへ？ /

🔵 **We're planning to go** 私たちは行く計画をしています **to Central Park** セントラルパークに **tomorrow morning.** 明日の朝に / **So, Central Park, please.** だから、セントラルパークをお願いします /

🔵 **Noted.** 記録されました / **Everything's set** 全てが設定されています **for your stay.** あなた方の滞在のために / **Enjoy your time** あなた方の時間を楽しんでください **in New York!** ニューヨークでの！ /

Sightseeing at the Statue of Liberty

EPISODE 5

Words and Phrases

- □ **up close**：近くで □ **dedicate**：捧げる □ **represent**：表す
- □ **Roman goddess**：ローマの女神 □ **spike**：スパイク、先の尖ったもの
- □ **crown**：冠 □ **continent**：大陸 □ **surreal**：非現実的な
- □ **breathtaking**：息を飲むような □ **pedestal**：台、基礎、台座

自由の女神を観光しよう

It's それはある my first time 私の初めてで seeing 観るのは the Statue of Liberty 自由の女神像を up close! 近くで！ / It's much bigger それははるかに大きい than I expected. 私が想像していたよりも /

Mine too! 私も！ / Did you know あなたは知っていた？ that 次のことを it was それがあったと a gift 贈り物で from France フランスから to the US? アメリカへの / It's a symbol それは象徴なの of freedom and friendship. 自由と友情の /

Yeah, it was dedicated そう、それは捧げられた in 1886. 1886年に / The statue represents その像は表している Libertas, リベルタを the Roman goddess ローマの女神 of freedom. 自由の /

And the seven spikes そして7つのスパイクは on her crown 彼女の冠の represent 表している the seven continents and oceans, 7つの大陸と海を、 uniting the world! 世界を1つにするという！ /

That's so interesting! それはとても興味深い！ / I've always seen it 私は常にそれを見ていた in movies, 映画で、 but being here feels でもここにいることは感じる surreal. 非現実的に / I'm glad 私は嬉しい we came. 私たちが来たことに /

Totally! 完全に同感！ / The view of the city 街の眺めは from here ここからの is ある breathtaking. 息を飲むようで /

I recommend 僕はオススメする going up 上に行くことを to the pedestal or crown. 台座または冠まで / The view is その眺めはある even better! さらにもっと素晴らしく！ /

Taking a Ferry Ride to Ellis Island

EPISODE 5

Words and Phrases

☐ **round trip**：往復　　☐ **Sure thing.**：もちろん。了解しました。
☐ **one way**：片道　　☐ **My apologies!**：申し訳ございません！
☐ **immigration**：移民　　☐ **be taken**：（席が）取られている

エリス・アイランドへフェリーで行こう

🧑 I'd like 私は望みます four round trip tickets 4枚の往復のチケットを to Ellis Island, エリス島への、 please. お願いします ／

🧑 Sure thing. もちろん ／ One way or round trip? 片道ですか？往復ですか？

👩 She just said 彼女はちょうど言いましたよ round trip. 往復と ／ So, we'll return だから、私たちは帰ります from Ellis Island as well. エリス島からも ／

🧑 My apologies! 申し訳ございません！ ／ Four round trip tickets. 4枚の往復のチケットですね ／ That will be それはなります $80. 80ドルに ／

🧑 Here you go. はい、どうぞ ／

（On the Ferry. フェリーに乗って ／）

🧑 Look at 見て the view! その眺めを！ ／ It's breathtaking. それは息を飲むようだ ／ Can't wait 待ちきれないよ to see 見るのが the immigration museum. 移民の博物館を ／

🧑 I've heard 私は聞いたことがある a lot たくさん about it. それについて ／ Many stories たくさんの物語 of hopes and dreams. 希望と夢の ／

👩 Absolutely! その通りだわ！ ／ Ellis Island is エリス島はある a symbol シンボルで of those その人たちの seeking 探している a better life. より良い人生を ／

🧑 Is this seat この座席はありますか？ taken? 取られて ／

🧑 No, いいえ、 it's free. それは空席です ／ Go ahead! どうぞ！ ／

156

059
Exploring the Neighborhood of Greenwich Village

Words and Phrases

☐ **outdoor seating**：屋外の席　☐ **vibes**：雰囲気　☐ **decade**：十年間　☐ **venue**：（コンサート・競技・会議などの）開催地、会場
☐ **legend**：伝説　☐ **pastry**：ペイストリー（焼き菓子）　☐ **gem**：宝石

グリニッジ・ヴィレッジの周りを探索

This neighborhood, Greenwich Village, has この近所、グリニッジ・ヴィレッジは持っている such a unique charm! とってもユニークな魅力を！ / Look at 見て that cozy cafe あの居心地の良いカフェを with the outdoor seating. 屋外の席付きの / Have you guys been here 皆 は ここ に 来 た こ と が あ る？ before? 以前 /

Only a few times. 数回だけ / I love it here. 私はここが大好き / It's a mix それはミックスなの of art, history, and modern vibes. 芸術と歴史と現代の雰囲気との / See 見える？ that bookstore あの本屋さんが on the corner? 角にあるのを / It's been それはずっとある there そこに for decades 数十年間 and has そして持っている some rare collections! 何らかの希少なコレクションを！ /

That's right! それは正しいわ！ / And at night, そして夜には、 this area is alive このエリアは生きている with live music. ライブミュージックで / There's そこにはある a famous venue 有名な会場が just around the block ちょうど1つ先のブロックに where legends have performed. 伝説のアーティストが演奏したところ /

I've heard 僕は聞いたことがある about it. それについて / Let's grab 手に持とう a coffee, コーヒーを、 perhaps a pastry, 多分ペイストリーを、 and それから explore 探索しよう some more. いくらかもっと / Maybe we'll find 多分僕たちは見つけるよ a hidden gem 隠れた宝石を or even catch またはさらにキャッチするよ a live performance. ライブパフォーマンスを /

060

Buying Tickets to a Broadway Show

EPISODE 5

Words and Phrases

- ☐ **sold out**：売り切れる　☐ **matinee**：マチネ、昼のショー
- ☐ **orchestra seat**：オーケストラ席　☐ **pricey**：高価な
- ☐ **availability**：可能性

ブロードウェイショーのチケットを買おう

I've heard 私は聞いてきたわ so much とってもたくさん about "Starlight Dreams" 『スターライト・ドリームス』について on Broadway. ブロードウェイの／ We should totally see 絶対に観るべき it! それを！／

I'd love to! ぜひ観たいね！／ But isn't it super popular? でもそれは超人気があるんじゃない？／ I'm worried 私は心配している the tickets might be sold out. チケットが売り切れてしまうのではないかと／

We can check 私たちは確認できる online. オンラインで／ Look, 見て、 they have 彼らは持っている an evening show and a matinee. 夜のショーとマチネを／

The matinee might be less crowded, マチネのほうが混雑していないかもしれない、 and the tickets might be slightly cheaper. そしてチケットが少し安いかもしれない／

Good idea, Albert. 良い考えだわ、アルバート／ How about the seats? 席はどう？／ I've always wanted to experience 私はいつも体験したかった the orchestra seats. オーケストラ席を／

Orchestra seats give オーケストラ席は与える a great view! 素晴らしい眺めを！／ But they can be pricey. しかしそれは高価な可能性がある／ Let's check 調べてみよう the availability. その可能性を／

Seems like there are そこにはあるようだわ a few left いくつか残っているのが for the matinee show! マチネのショーでは！／ But we need to hurry; でも私たちは急ぐ必要がある they're selling それらは売れちゃう fast. すぐに／ I'll book 私が予約するわ them それらを now. 今／ Next stop, Broadway! 次の訪問先は、ブロードウェイ！／

061
Getting Ready for a Musical Show at the Theater

Words and Phrases

☐ **festive**：お祭りのような　☐ **over-the-top**：大げさすぎる、限界を超えて　☐ **velvet**：ベルベット（織物の一種）　☐ **jumpsuit**：ジャンプスーツ（シャツとズボンが一続きになった婦人服）　☐ **chic**：シックな　☐ **be torn between A and B**：AとBの間で迷っている（be tone はtearの受身形で、「引き裂かれている」→「2つの間で迷っている」）　☐ **bow tie**：蝶ネクタイ
☐ **outfit**：服装

劇場でミュージカルを観る準備

I can't believe 信じられない we're seeing 私たちは観るのね a Broadway show ブロードウェイのショーを today! 今日！ ／ What 何を？ are you guys wearing? あなたたちは着ていくの ／

I'm thinking of wearing 私は着ることを考えているの my red dress 赤いドレスを with black heels. 黒のヒールと一緒に ／ It feels それは感じる festive お祭りのように but しかし not too over-the-top. あまり派手過ぎずに ／ How about you, Misaki? あなたはどう、ミサキ？ ／

I have 私は持っている this blue silk blouse この青いシルクのブラウスを I bought 私が買った in Tokyo. 東京で ／ I was saving 私は取っておいたの it それを for a special occasion. 特別な機会のために ／

That sounds それは聞こえるよ elegant, Misaki! エレガントに、ミサキ！ ／ I'm going 私は行く with my favorite velvet jumpsuit. 一番お気に入りのベルベットのジャンプスーツで ／ It's それはある comfortable 快適で yet chic でもシックで for an occasion like this. こんな機会のためには ／

And I've decided そして僕は決めた on a classic suit クラシックなスーツを but でも I'm torn 悩んでいる between a bow tie and a regular tie. 蝶ネクタイと普通のネクタイの間で ／ What do you think? 君たちはどう思う？ ／

I vote 私は投票する for the bow tie! 蝶ネクタイに！ ／ It adds それは加えるわ a fun touch 楽しいタッチを to the event. そのイベントに ／ And more そしてもっと多く than the outfits, 服装よりも、 it's the company それは仲間ね that makes it special. それを特別にするのは ／

062

Amazing Broadway Musical

EPISODE 5

Words and Phrases

☐**spellbinding**：魔法のように魅了するような　☐**choreography**：振り付け（choreographerは「振付師」）　☐**detailed**：詳細をこだわる、細やかな装飾がされた　☐**act**：幕　☐**palpable**：実感できる、容易にわかる、明白な　☐**imaginative**：独創的　☐**storyline**：ストーリー　☐**adore**：崇拝する、憧れる、非常に好む　☐**transport**：移動する　☐**be on board with ～**：～に賛成する

興奮のブロードウェイ・ミュージカル

That performance was その公演はあったね spellbinding! 魅了するもので！ / The music and choreography were simply breathtaking. 音楽と振り付けはまったく息を飲むようだった / Didn't you think? あなたたちはそう思わなかった？ /

Absolutely! もちろん！ / The lead actress had 主役の女優は持っていた such a powerful voice. とても力強い声を / And the costumes... そして衣装は… so vibrant and detailed! とても鮮やかで細やかな装飾がされていた！ /

I was moved 私は感動した by the duet 二重唱に in the second act. 第二幕の / The harmony and emotions were palpable. 調和と感情が実感できた / It gave me chills! 鳥肌が立った！

I loved 僕は大好きだった the set design. 舞台デザインが / The way その方法は they transitioned 彼らが移行した between scenes シーンの間で was so smooth and imaginative. とても滑らかで独創的だった / And the lighting! そして照明は！ / It added so much depth. それはとても深みを増してくれていた /

I have to agree. 私も同意見 / And the storyline kept me engaged そしてストーリーは私を引き込んだ throughout. 最後まで通して / It's それはある moments like these これらのような瞬間で that make me adore 私を大好きにさせる the magic of Broadway. ブロードウェイの魔法を /

Every time I watch a musical, いつもミュージカルを観るたび、it feels 私は感じる like I'm transported 私が移動されるように to a different world. 別の世界に / And today was no exception. そして今日は例外ではなかった /

Same here! 私もそう！ ／ **We should definitely catch** 私たちは絶対観るべき **another show** もう一つのショーを **before we leave** 私たちが去る前に **New York.** ニューヨークを ／

I'm on board with that! 僕もその考えに賛成だよ！ ／ **There's nothing** そこには何もないよ **quite like** 匹敵するものは **the experience** その経験に **of live theater.** 生の劇場の ／

Column
14

Here you go. / Here you are.

　Unit 058などに登場するHere you go.。Here you are.と同様に、どちらも「はい、どうぞ」と「はい、こちらです」といった意味で、何かを相手に手渡すときに使う表現です。お互いに大きな違いはなく、同じように使われます。

　ただ、Here you go.は、**「はい、こちらです」と指し示す**ニュアンス、Here you are.は、手渡すものを**「はい、どうぞ」と見せる**といったニュアンスがあります。また、Here you go.のほうが、少しカジュアルに聞こえます。

Column 15 　乾杯

　本書では、Here's to ...や Cheers!など乾杯するシーンが何度か出てきます。中には、昼のシーンや、カフェのシーンもあります。皆さんの中には、そんなにしょっちゅうビールやワイン、シャンパンのようなアルコールを飲んでいるのか？　と思った方もいるのではないでしょうか？

　実は、「乾杯」とはいっても欧米の場合、もちろんアルコール類でも乾杯はしますが、**その垣根は低くて**、Beverage (コーラのような清涼飲料水)やジュース、それどころか、水でも、Here's to ...、Cheers!と言って乾杯します。ちょっと意識を変えると良いかもしれません。

　ちなみに、ビールの「ジョッキ」は和製英語です。英語では**beer mug**と言います。

Column 16 　adore

　Unit 062で登場するadore。「崇拝する、あがめる、憧れる、熱愛する、非常に好む」などと多くの意味が辞書には載っていますが、とにかく、**「憧れるほど、とっても好き」**だということ。

　よく使うのは、**I adore you!**で「君がとっても好きだ！」「君を慕っている！」「君に憧れている！」ことを伝えることができます。また、形容詞を使ったShe's so **adorable!**「彼女はとっても魅力的だ！」もよく使います。

063

Exploring Times Square

Words and Phrases

☐ **Crossroads of the World**：世界の交差点　☐ **LED display**：LEDディスプレイ　☐ **take a picture of 〜**：〜の写真を撮る　☐ **busk**：路上演奏をする　☐ **hang drum**：ハングドラム（素手で叩いて演奏する金属製のドラム）　☐ **customary**：慣習　☐ **melting pot**：（人種や文化の）るつぼ

167

タイムズ・スクエアに行ってみよう

Wow, わあ、Times Square is タイムズスクエアはある even brighter and more lively さらにもっと明るく活気に満ちてる than I imagined! 私が想像していたよりも！ ／ Look 見て at all these lights! これら全ての光を！ ／

It's often called それはよく呼ばれているわ the "Crossroads of the World". 「世界の交差点」と ／ Every time I'm here, 私がここにいるたびに、 the energy just amazes そのエネルギーはただ驚かす me. 私を ／

Hey Misaki, ねえミサキ、 stand 立って next to that huge LED display. あの巨大なLEDディスプレイの隣に ／ I'll take 僕が撮るよ a picture of you. 君の写真を ／

Sure! 良いわよ！ ／ And after this, そしてこの後に、 I want to take a picture 私は写真を撮りたいわ of that street performer. あの通りのパフォーマーの ／ He's busking 彼は路上演奏している with such a unique instrument! とてもユニークな楽器で！ ／

It looks それは見えるね like a hang drum. ハングドラムのように ／ Buskers here always bring ここにいる路上演奏家は常に持ってくる something different 何か違ったものを to the table. テーブルに ／ Oh, and don't forget ああ、そして忘れないでね to drop 置くことを a few dollars 数ドルを if you enjoy あなたが楽しんだら their performance. 彼らのパフォーマンスを ／ It's それはある customary. 慣習で ／

Over there, あそこには、 there's a group グループがいるわ dancing! ダンスをしている！ ／ Times Square really is タイムズ・スクエアは本当にある a melting pot るつぼで of talents and cultures. 才能と文化の ／

168

Dining at a NY Restaurant 1

064

Words and Phrases

☐ **We'd like a table for 〜 .** : 〜人分のテーブルをお願いします。
☐ **May we have some menus, please?** : メニューをお願いします。(とても丁寧な言い方) ☐ **May I take your order?** : ご注文はよろしいですか？
☐ **Please take your time.** : ごゆっくりどうぞ。(直訳でPlease do it slowly.と言ったらとっても嫌味に聞こえるので、「慌てないで十分にお時間を取ってくださいね」といった感じ)

ニューヨークのレストランでディナー 1

Good evening! こんばんは！ / **How many people** 何人ですか？ **in your party?** あなたのグループには /

We'd like 私たちは希望します **a table** テーブルを **for four,** 4人用の、 **please.** お願いします /

Certainly. かしこまりました / **Please follow me.** 私についてきてください / **Please be seated.** 席にお着きください /

May we have 持ってもよろしいですか？ **some menus,** いくつかのメニューを、 **please?** お願いします /

Thanks. ありがとう / **In the meantime,** とりあえず、 **could we get** 私たちはいただけますでしょうか？ **some water?** いくらかのお水を /

Of course! もちろんです！ / **I'll bring** 私は持ってまいります **some water** いくらかのお水を **right away.** すぐに /

I've heard 私は聞いているよ **the seafood** シーフードは **here** ここのは **is** あると **fantastic.** 素晴らしく /

Here you go. はいどうぞ / **May I take** 取ってもよろしいでしょうか？ **your order?** あなたのご注文を /

No, we haven't decided yet. いいえ、私たちはまだ決めていません /

That's fine. それは結構ですよ / **Please take your time.** あなたのお時間を取ってください / **I'll come back** 私は戻ります **in a little while.** 少し間を置いて /

065

Dining at a NY Restaurant 2

Words and Phrases

☐ **appetizer**：前菜　☐ **enticing**：魅力的な　☐ **crispy**：サクサクした
☐ **calamari**：イカ（元々イタリア語）　☐ **spinach**：ほうれん草　☐ **go with 〜**：〜を選ぶ　☐ **entrée**：オントレー（元々はフランス語で「入場」という意味。イギリスでは、主菜の間に出される軽い食事。アメリカでは通常「メイン料理」として使われる）　☐ **classic choice**：定番の選択

ニューヨークのレストランでディナー 2

I've heard 私は聞いたことがある **a lot** たくさん **about this place.** この場所について / **It's supposed to have** それは持っていることになっている **a mix** 組み合わせを **of various cuisines.** 様々な料理の / **Let's see.** ええと / **Ah, the appetizer selection looks** ああ、前菜の選択が見える **enticing!** 魅力的に！ /

True! 本当ね！ / **What's** 何でしょうか？ **the soup of the day,** 今日のスープは、 **I wonder?** 私は疑問です /

For today's soup, 今日のスープに、 **we have** 私たちは持っています **a creamy tomato basil.** クリーミートマトバジルを /

That sounds delicious. それは美味しそうですね / **What** 何を？ **do you recommend** オススメしますか **from the appetizers?** 前菜から /

Our crispy calamari 私たちのサクサクしたイカ **and spinach artichoke dip are** そしてほうれん草のアーティチョークディップはあります **crowd favorites.** 多くのお客様の一番のお気に入りで /

I'll go with 僕は選びます **the calamari** そのイカを **then.** それでは /

What 何を？ **would you like** 望む **for a main course,** メインコースに、 **Jenn?** ジェン /

I'm leaning 私は傾いている **towards the grilled salmon entrée.** グリルサーモンのオントレーに / **How about you?** あなたはどう？ /

I might try 私は試してみるかもしれない **the vegetarian lasagna.** ベジタリアンのラザニアを / **It's been a while** それはしばらく経つ **since I had a good one.** 私が良いものを食べて以来 /

I'll have 私はいただきます **the steak.** ステーキを ／ **Always a classic choice** いつもの定番の選択なの **for me.** 私にとっては ／

 And I'll take そして僕はいただくよ **the chicken Alfredo pasta.** チキンアルフレドパスタを ／

 Excellent choices! 素晴らしい選択ですね！ ／ **I'll have those orders in right away.** すぐに注文を受け付けます ／

Column 17 フルコース

　Unit 65のミサキのセリフ、What would you like for a main course, Jenn? のcourseの使い方、日本のコースとは異なります。日本ではよく、フレンチのフルコースなどという言い方をしますが、英語では、**three course meal**（3品料理の食事）や**four course dinner**（4品料理の食事）などといった言い方をします。

　すなわち英語でいうコースとは、**食事や料理の1品・1皿のこと**。appetizer（前菜）、entrée（オントレー。前菜のようなスターターメニューのように思うかもしれませんが、アメリカではメインのことを言います）、main course（メイン料理。courseを使っていますが、1品）など、それぞれが1コースという意味になります。

Excuse me. / I'm sorry.

　海外のレストランで食事をしていると、ウェイターに「ソーリー」と言っている日本人の方を見かけますが、訳語が同じ「すみません」でも、I'm sorry.とExcuse me.は、大きく意味が異なります。

　例えば、アイスクリームを持って、人込みの中を通り抜けなければいけないとき、Excuse me, let me through.「すみません、通してください。」などとExcuse meを使うと、**「あの、ちょっとすみません」と相手の注意をひくこ**とができます。

　I'm sorryは**自分のしてしまった行動に対して、相手に迷惑をかけて「ごめんなさい」と言う**ときの表現です。ですので、誰かにアイスクリームをつけてしまって、I'm very sorry.「大変申し訳ございません。」と謝る場合や、自分が通るときに誰かが移動して場所を空けてくれたり、誰かに迷惑をかけたりしたときなどに使います。

066

Dining at a NY Restaurant 3

Words and Phrases

☐ **delightful**：素晴らしい　☐ **take a sip of ～**：～を一口飲む　☐ **free refill**：無料のお代わり　☐ **pass on ～**：～をパスする　☐ **speaking of which**：それについて言えば、そう言えば　☐ **May I have the check, please?**：勘定をお願いできますか？

ニューヨークのレストランでディナー 3

This meal is この食事はある **delightful.** 素晴らしく ／ **Misaki, thanks** ミサキ、ありがとう **for suggesting** 提案してくれて **this place!** この場所を！ ／（**takes a sip** 一口飲んで **of her tea** 彼女の紅茶を）**Would you like** 望む？ **another cup of tea?** もう1杯のお茶を ／

- - - - - - - - - -

I might get 私はいただくかもしれない **a coffee** コーヒーを **later.** 後で ／ **They offer** 彼らは提供している **a free refill** 無料のお代わりを **here.** ここでは ／

- - - - - - - - - -

Really? 本当？ ／ **I didn't know that.** それ知らなかったわ ／

- - - - - - - - - -

I'm thinking 私は思ってるの **about getting a dessert.** デザートを頼もうかと ／ **The cheesecake here looks** ここのチーズケーキは見えるわ **tempting.** 魅力的に ／

- - - - - - - - - -

I'll pass 私はいらない **on the dessert.** デザートは ／ **Would anyone like anything to drink?** 誰か飲み物はいる？ ／

- - - - - - - - - -

I'm good with my coffee, thanks. コーヒーで良いよ、ありがとう ／ **Oh, speaking of which,** あ、それについて言えば、 **may I have the check, please?** 勘定してもらえますか？ ／

- - - - - - - - - -

Certainly, sir. かしこまりました、お客様 ／ **Would you like** お望みですか？ **to pay** お支払いすることを **by cash or credit card?** 現金またはクレジットカードで ／

- - - - - - - - - -

Do you accept Mastercard? マスターカードは使えますか？ ／

- - - - - - - - - -

Yes, we do. はい、使えますよ ／ **Please come again.** またお越しください ／

Shopping in SoHo 1

067

Words and Phrases

☐ **trendy shop** : ファッショナブルまたはスタイリッシュな店
☐ **vintage boutique** : ヴィンテージブティック（クオリティーが高い古い品物を売る店）　☐ **luxurious** : 豪華な　☐ **fabulous** : 素敵な　☐ **wardrobe** : 洋服だんす　☐ **eclectic** : 折衷的な　☐ **menswear** : メンズウェア

EPISODE 5

ソーホーでショッピング 1

SoHo really has ソーホーは本当に持っている a unique blend ユニークな組み合わせを of trendy shops and vintage boutiques. トレンディなショップとヴィンテージブティックの ／ It's それはある a shopper's paradise! 買い物客たちの楽園で！／

Just look at ちょっと見て this boutique. このブティックを ／ The designs are デザインはある so unique. とてもユニークで ／ I haven't seen 私は見たことない anything 何も like this こんなもの back in Los Angeles. ロサンゼルスに戻っても ／

And the quality! そしてその品質！／ This dress feels このドレスは感じる so luxurious. とても豪華に ／ Misaki, ミサキ、you'd look fabulous あなたは素敵に見えるだろうね in this! これを着たら！／

Thank you, Kate! ありがとう、ケイト！／ I've been trying 私はずっと試していた to update アップデートしようと my wardrobe. 私の洋服だんすを ／ This might be これはあるかもしれない the perfect piece. 完璧な一品で ／

I've read 僕は読んだことがある that 次のことを SoHo is known ソーホーは知られている for its eclectic mix その折衷的なミックスで of fashion. ファッションの ／ It's great 素晴らしい to see 見ることは it それを firsthand. 直接 ／

Albert, アルバート、there's a boutique ブティックがあるわ over there あそこに with some trendy menswear. いくつかのトレンディなメンズウェアの ／ Maybe 多分 you can find あなたは見つけられるかも？ something? 何かを ／

Why not? やらないわけないよ ／ Let's see 見てみよう what 何を they've got! 彼らが持っているのかを！／

068

Shopping in SoHo 2

Words and Phrases

☐ **browse**：見て回る　☐ **latest**：最新の　☐ **fresh arrival**：新商品
☐ **deal**：取引、お買い得品　☐ **fitting room**：試着室　☐ **try something on**：何かを試着する　☐ **give me a shout**：私に声をかけてください

ソーホーでショッピング 2

🔵 Hello! こんにちは！ Welcome to SoHo Chic. ソーホー・シックへようこそ ／ May I help you お手伝いしましょうか？ with finding something specific 何か特定のものを探すのを today? 今日 ／

⬜ Hi there! はい、こんにちは！ ／ Thank you. ありがとう ／ For now, 今のところ、I'm just browsing, 私はちょうど見ているだけです、but でも I'll let you know 私はあなたに知らせます if I need assistance. もし助けが必要な場合は ／

🔵 Of course! もちろんです！ If you're looking for もし探しているのなら our latest collection, 私たちの最新のコレクションを、it's right over there. それはまさにその向こうにあります ／ We've just received 私たちはちょうど受け取りました some fresh arrivals. いくつか新しい商品を ／

⬜ Thanks for letting me know. 私に教えてくれてありがとう ／ Do you also have あなたたちはまた持っていますか？ a section for sale items? セールアイテムのセクションを ／

🔵 Yes, we do. はい、持っています ／ It's towards the back それは奥にあります on the right. 右側の ／ There are some great deals いくつかの素晴らしいお買い得品があります to be found! 見つけるために！ ／

⬜ Perfect, 素晴らしい、I'll take a look 私は見てみるつもりです there as well. そこも ／ Do you have あなたは持っていますか？ fitting rooms 試着室を if I decide もし私が決めたら to try something on? 何か試着することを ／

🔵 Absolutely! もちろんです！ ／ The fitting rooms are located 試着室は位置しています to your left. あなたの左側に ／ And if you need そして必要な場合は a different size, もし異なるサイズが、just give me a shout. 私に声をかけてください ／

069

Shopping in SoHo 3

Words and Phrases

☐ **How does ～ fit?**：～（のサイズ）は合ってる？　☐ **hoodie**：パーカー
☐ **tad**：少し　☐ **sleeve**：袖　☐ **loose**：ゆるい　☐ **waist**：ウエスト、
腰のまわり　☐ **baggy**：ゆるい　☐ **look good on ～**：～に似合って

ソーホーでショッピング 3

Hey there! こんにちは！ ／ **How** どんな感じに？ **does the hoodie fit?** そのパーカーは合ってますか ／

It's それはあります **a bit too tight** 少しキツすぎて **around the arms.** 腕の周りで ／ **Do you have** 持っていますか？ **a larger size?** もっと大きいサイズを ／

Of course! もちろんです！ ／ **I'll get that** それを持ってきます **for you.** あなたに ／ **How about the length?** 長さはどうですか？ ／

The length is fine, 長さは大丈夫です、 **but it's** でもそれはあります **a tad too short** 少し短すぎて **on the sleeves.** 袖のところで ／

Got it! わかりました！ ／ **And how about** そしてどうですか？ **the jeans** ジーンズは **you're trying on?** あなたが試着している ／

They're too loose それらはゆるすぎます **around the waist** ウエストの周りで **and** そして **too long.** 長すぎます ／ **It feels** それは感じます **a bit baggy.** 少しゆるく ／

No worries. 心配しないでください ／ **I'll bring you** 私は持ってきます **a different size** 異なるサイズを **for both.** 両方とも ／ **We want to make sure** 私たちは確実にしたい **you find** あなたが見つけることを **the perfect fit!** 完璧なフィット感を！ ／

Thank you! ありがとう！ ／ **I hope** 願っています **they fit** それらが合うことを **and look good on** そして似合っていることを **me!** 私に！ ／

070

Shopping in SoHo 4

Words and Phrases

☐ **I'll take it.**：それを買います。　☐ **Will that be all for today?**：今日はそれだけですか？　☐ **swipe**：スワイプする、機械に通す　☐ **prompt**：指示する　☐ **payment**：支払い　☐ **approve**：承認する

Excuse me, すみません、**I've decided** 決めました **on this dress.** このドレスに／ **I'll take it.** 私はそれを買います／

Great choice! 良い選択ですね！／ **That color looks** その色は見えます **stunning** とても素敵に **on you.** あなたに／ **Will that be** それはありますか **all** 全てで **for today?** 今日は？／

Yes, just this one. はい、これだけです／ **How much is it?** おいくらですか？／

That'll be それはなります **$45.** 45ドルに／ **Do you prefer** どちらをよりお好みですか？ **cash or card?** 現金とカード／

I'll use 私は使います **my card,** カードを、**please.** お願いします／

Alright, わかりました、**please insert or** swipe 挿入またはスワイプしてください **your card** あなたのカードを、**when the machine prompts** 機械が指示したときに **you.** あなたに／ **And would you like** そしてお望みでしょうか？ **a bag?** 袋を／

Yes, please. はい、お願いします／ **Also, could I get** また、いただけますか？ **a receipt** 領収書を **with that?** それと一緒に／

Of course! もちろんです！／ **Once the** payment **is** approved, 一度支払いが承認されたら、**I'll print** 私は印刷します **your receipt** あなたの領収書を **and have it** そしてそれを入れます **in the bag.** 袋に／ **Thank you** ありがとうございます **for shopping** お買い物をしてくださいまして **with us!** 私たちの店で！／

No problem, どういたしまして、**thanks** ありがとうございます **for your help!** あなたの助けに！／

071

Trying NY Street Food

Words and Phrases

☐ **halal**：ハラール（イスラム教の教えに則った食事）　☐ **food cart**：路上に設置されたキッチン　☐ **lox**：サケの燻製　☐ **hands down**：間違いない　☐ **cheesy**：チーズの入った、チーズの（「陳腐な」「つまらない」「ありふれた」という意味でイギリスでよく使用。「つまらない冗談」は、cheesy joke。アメリカではcorny jokeと言うことが多い）　☐ **culinary tapestry**：食文化

ニューヨークのストリートフードを試す

Have you guys tried 皆試した？ **New York's street food?** ニューヨークのストリートフードを／ **It's legendary!** それは伝説的だよ！／

Not yet, まだ、 **but** でも **I'm eager to!** 私は試したい！／ **I've heard about** 私は聞いたことがある **the hot dogs and pretzels.** ホットドッグとプレッツェルについて／

Oh, and don't forget ああ、そして忘れないで **the halal food carts!** ハラールのフードカートを！／ **The chicken** 鶏肉は **over rice** ご飯の上の **is a must-try.** 必ず試してみるべきだよ／

I'm a big fan 僕は大ファンだ **of the food trucks.** フードトラックの／ **Tacos, Korean BBQ, even gourmet lobster rolls!** タコス、韓国のバーベキュー、さらにグルメのロブスターロール！／

So much diversity こんなにたくさんの多様性が **in flavors.** 味に／ **What's** 何なの？ **everyone's top pick?** 皆の一番目の選択は／

Bagels ベーグルは **with lox and cream cheese,** サケの燻製とクリームチーズが入った、 **hands down.** 間違いない／

For me, 私にとっては、 **it's the sweet roasted nuts.** それは甘いローストナッツね／ **The aroma itself is** その香り自体がある **amazing!** 素晴らしく！／

The cheesy pizza slices, チーズが入ったピザのスライス、 **especially after a night out!** 特に夜遊びの後に！／

Let's try them all. 全部試してみよう／ **New York has** ニューヨークは持っている **such a rich culinary tapestry!** こんなに豊かな食文化を！／

186

072
Visiting
the Empire State Building

072

Words and Phrases

☐ iconic：象徴的な　☐ entire：全体の　☐ spread out：広がる
☐ observation deck：展望デッキ　☐ story：階　☐ testament：証言　☐ dream of ...：…を夢見る　☐ skyline：スカイライン、地平線
☐ nightfall：夜、夕暮れ

エンパイアステートビルに行こう

Guys, 皆、can you believe 信じられる？ we're about to be 私たちがもうすぐいるということが on top 最上階に of the Empire State Building? エンパイアステートビルの ／ It's iconic! それは象徴的だね！ ／

I've been here 私はここに来たことがある once 一度 as a kid. 子どもの頃に ／ The view is breathtaking! 見晴らしは息を飲むよう！ ／ You can see あなたは見ることができる the entire city 全ての市街を spread out below. 下に広がっている ／

It's my first time. それは私の初めてだわ ／ I've only seen 私は見たことがあるだけ it それを in movies. 映画で ／ How high is どれくらいの高さがあるの？ the observation deck? 展望デッキは ／

It's on the 86th floor. それは86階にある ／ But the building itself is 102 stories. でも建物自体は102階建てなんだ ／ Did you know 知っていた？ it was the world's tallest building それが世界で最も高い建物だったと when it was completed それが完成したとき in 1931? 1931年に ／

Amazing! すごい！ ／ It's a testament それは証言ね to American architecture. アメリカの建築についての ／ I've always dreamt of 私はいつも夢見ていた seeing 見ることを the New York skyline ニューヨークのスカイラインを from here. ここから ／

Wait till nightfall. 夜になるまで待って ／ The city lights are magical 都市の灯りは魔法のようね from up here. ここから見ると ／ It's a completely different experience. それはまったく異なる経験だね ／

Let's take 撮ろう lots of photos! 多くの写真を！ ／ This is a memory これは思い出になる we'll cherish 私たちが大切にする forever. 永遠に ／

188

073

A Day of Museums

Words and Phrases

- ☐ **be curious about ...**：…に興味を持っている　☐ **spiral**：らせん状の
- ☐ **continuous flow**：連続した流れ　☐ **gallery**：ギャラリー　☐ **MoMA**
- **= Museum of Modern Art**：ニューヨーク近代美術館　☐ **vast**：広大な
- ☐ **contemporary art**：現代アート　☐ **captivated**：魅了された
- ☐ **sculpture**：彫刻

博物館の一日

I've always been curious 私はいつも興味があった about the Guggenheim. グッゲンハイム美術館について ／ The building's architecture その建物の建築自体は is a masterpiece! 傑作よ！／

It's truly unique. それは本当にユニークだわ ／ The spiral design そのらせん状のデザインは lets you see あなたに見させる art アートを in a continuous flow, 連続した流れで、which is different from traditional galleries. それは伝統的なギャラリーとは異なる ／

And after this, そしてこの後に、we'll head 私たちは向かう to the MoMA. モマに ／ I'm excited 私はワクワクしている to see 見ることに their vast collection それらの広大なコレクションを of contemporary art. 現代アートの ／

Last time 前回 I visited 僕が訪れたとき the MoMA, モマを、I was captivated 僕は魅了されたんだ by the blend ブレンドに of sculpture, painting, and film. 彫刻や絵画、そして映画の ／ It's more than just a museum, それは単なる美術館以上、it's an experience! それは体験だ！／

I believe 私は信じている that 次のことを art tells the story 芸術は話を語る of our times. 私たちの時代の ／ Both museums capture 両方の美術館は捉える that essence その本質を beautifully. 美しく ／

Absolutely. 間違いない ／ These places aren't just about observing art; これらの場所は単に芸術を観察するだけではない they're about feeling それらの場所は感じることね it. それを ／ Every piece has 各作品は持っている its own voice, its own story. その独自の声を、独自の物語を ／

Enjoying a Night Out in the City

074

Words and Phrases

☐ **come alive**：生き生きする　☐ **renowned**：名高い、名声のある
☐ **fancy ...ing**：…したい（イギリス英語でよく使われるおしゃれな言い方）
☐ **heartbeat**：鼓動　☐ **hilarious**：非常に面白い　☐ **soulful**：感動的
な　☐ **the night away**：夜通し　☐ **unforgettable**：忘れられない

ニューヨークの夜の街に出てみよう

The city truly comes alive この都市は実際に生き生きとしてくる **at night,** 夜に、 **doesn't it?** そうではない？ ／ **I've always wanted to experience** 私はいつも体験したかった **New York's** ニューヨークの **nightlife.** 夜の生活を ／ **I heard** 私は聞いたことがある **there's** そこにはある **a renowned** 名高い **jazz club** ジャズクラブが **nearby.** 近くに ／ **Fancy going?** 行ってみたくない？ ／

Oh, ええ、 **I'd absolutely love that!** 私は絶対に好きだろうと思うそれが！ ／ **Jazz in New York** ニューヨークのジャズは **is legendary.** 伝説的ね ／ **It** それは **captures** 捉える **the real essence and heartbeat** 本当の本質と鼓動を **of the city.** この都市の ／

Before diving into jazz, ジャズに飛び込む前に、 **how about** どう？ **a comedy show?** コメディショーは ／ **There's one** そこには1つがある **starting soon.** すぐに始まる ／ **It could be a hilarious, fun warm-up!** それは非常に面白く、楽しいウォームアップになるかもしれない！ ／

And after the soulful jazz? そして感動的なジャズの後は？ ／ **I know** 僕は知ってるよ **an amazing nightclub** 素晴らしいナイトクラブを **where** そこでは **we can dance** 僕たちは踊ることができる **the night away.** 夜通し ／ **What do you think?** どう思う？ ／

Sounds 聞こえるわ **like a perfect, unforgettable** 完璧で、忘れられないような **night out** 夜の外出に **in New York** ニューヨークでの **to me!** 私にとって！ ／

Autumn

秋

登場人物紹介

Mai
ミサキの日本の友達

Lisa
Anne と Ian の娘

Anne
ホストマザー

Ian
ホストファーザー

075

Catching Up Over Coffee

Words and Phrases

☐**It's been ages.**：久しぶりね。　☐**bustling**：賑やかな　☐**simplicity**：シンプルさ、簡単さ　☐**yearn for ～**：～を懐かしがる、～を懐かしく思う、～を恋しく思う、～に憧れる　☐**come along**：進む　☐**as ever**：いつも通り

コーヒーを飲んで近況を語り合う

Mai! マイ！ / It's been ages. 本当に久しぶりね / I've missed 私は恋しかったわ our coffee chats. 私たちのコーヒーチャットを /

Me too! 私も！ / Your college campus is beautiful. あなたの大学のキャンパスは美しいわ / How's life 生活はどう？ in Los Angeles? ロサンゼルスでの /

It's vibrant and bustling. それは活気に満ちていて賑やかよ / But でも I miss the simplicity シンプルさが恋しい of our time 私たちの時間の in Japan. 日本での / Remember 覚えている？ those late-night karaoke sessions? あの夜遅くのカラオケのセッションを /

Oh, absolutely! ああ、もちろん！ / We sang 私たちは歌ったわ our hearts out. 私たちの心から / And those weekend trips? そしてあの週末の旅行？ / They were the best. それらは最高だったよね /

Definitely. 間違いなく / Exploring 探索すること hidden gems 隠れた名所を in Tokyo... 東京の… / I sometimes yearn 私は時々懐かしく思うわ for those days. あの日々を /

Every experience shapes 全ての経験が形成するわ us. 私たちを / So, それで、 tell me, 私に教えて、 how's どう？ your English coming along? あなたの英語の進歩は /

It's good, 良いわよ、 but でも there's always そこにはいつもあるわ more より多くのことが to learn. 学ぶべき / How's どう？ work 仕事は in Japan? 日本での /

Busy as ever! いつも通り忙しいわ！ / But でも I wouldn't trade 私は交換することはないわ our memories 思い出を for anything. どんなこととも /

076

Catching Up More Deeply at a Bar

Words and Phrases

☐ **just like ～**：ちょうど～のように　　☐ **generous**：寛大な、気前の良い

☐ **kind-hearted**：優しい心を持った、優しい　　☐ **juggle**：やりくり、ジャグリング　　☐ **supportive**：協力的な、支えて　　☐ **resonate**：共鳴する、共振する、響く

バーでもっと語り合おう

You know, あのね、I met 私は出会ったの someone special 特別な誰かに here, ここで、Andrew. アンドリューに ╱ He's 彼はあるの tall, handsome 背が高くて、ハンサムで with nice blond hair, 綺麗なブロンドの髪で、and majoring in Art History そして美術史を専攻しているの at a nearby university. 近くの大学で ╱

That sounds それは聞こえるわ exciting! ワクワクするように！╱ What 何を？ do you guys do あなたたちはしているの for fun? 楽しむのに ╱

Well, ええと、he's into photography, 彼は写真が好きなの、just like me. ちょうど私のように ╱ So, we often go それで、私たちはよく行くのよ on photo walks, 写真散歩に、exploring the city 街を探索して through our lenses. 私たちのレンズを通して ╱ It's exhilarating. それは本当にワクワクすることよ ╱ He's also 彼はまた持っているの quite generous and kind-hearted, とても寛大で優しい心を、you know. あのね ╱

Sounds like a dream guy. まるで理想の男性のようね ╱ How どうやって？ do you balance 両立させてるの this new romance with your studies? この新しい恋愛と勉強を ╱

It's a bit of a juggle, 少しやりくりが必要なの、but でも we manage. 私たちはなんとかしてるわ ╱ Andrew's understanding and supportive, アンドリューは理解があって支えてくれるの、which helps それは助かるわ a lot. たくさん ╱

It's wonderful それって素晴らしいわ to find 見つけるなんて such a connection, そのような繋がりを、especially 特に with someone 誰かと who resonates その人は共感しているのね with your interests あなたの興味に and supports そしてサポートしているのね your journey. あなたの旅を ╱

077

Medical Examination

Words and Phrases

☐ **medical examination**：健康診断　☐ **thorough**：しっかりした、徹底的な　☐ **physical check-up**：身体検査　☐ **fast**：断食する、絶食する　☐ **medication**：薬物療法　☐ **straightforward**：簡単な、真っすぐな　☐ **tip-top shape**：最高の状態（このshapeは、「形」のことではなく「体調」のこと。体調が悪いことを表すbad shapeはよく使われる表現）

EPISODE 6

健康診断

I need to get a medical examination done 私は健康診断を受ける必要があるんです for the college sports team. 大学のスポーツチームのために ／ Any recommendations? 何かオススメはありますか？ ／

Oh, ああ、 I had 私は受けたわ mine 私のを at City Health Clinic. 市の健康クリニックで ／ They were thorough. 彼らはしっかりしていたわ ／ You'd need あなたは必要よ a blood test and a general physical check-up. 血液検査と一般的な身体検査が ／

Remember 覚えておいてください to fast 絶食することを before the blood test. 血液検査の前に ／ Usually, 普通は、 they'd ask 彼らは頼むものよ you not to eat or drink あなたが食べも飲みもしないことを anything 何も for 8 hours prior. 8時間前からの間 ／

True. 本当だよ ／ And if you have そしてあなたがあれば any allergies 何かアレルギーが or または medications you're on, かかっている薬物療法が、 let them know 彼らに知らせてください before the examination starts. その検査が始まる前に ／

Thanks for the tips. アドバイスありがとう ／ I've never done 私は受けたことがないの a medical exam 健康診断を here ここで in the States. アメリカで ／ I'm a bit nervous. ちょっと緊張してるわ ／

Don't worry, Misaki! 心配しないで、ミサキ！ ／ It's pretty straightforward. それはとても簡単よ ／ And そして it's always good いつも良いことよ to know 知っているのは you're in あなたがあることを tip-top shape! 最高の状態であると！ ／

That's true. それは本当だわ ／ I'll book an appointment 私は予約をするわ soon. すぐに ／

079

Dentist's Office

Words and Phrases

☐**cavity**：虫歯　☐**fill**：詰める　☐**intake**：摂取　☐**gum**：歯茎
☐**floss**：フロスで（歯を）掃除する　☐**dread**：恐れる　☐**crucial**：不
可欠な　☐**address**：対処する、対応する　☐**oral**：口の　☐**hygiene**：
衛生

201

歯医者

I went 行きました to the dentist 歯医者に ／ Turns out, 結果になりました、 I have 私が持っているという a cavity. 虫歯を ／

Oh no! あら大変！ ／ Did you get あなたはしてもらいましたか？ it それに filled? 詰めてもらうことを ／

Yes, はい、 but でも I need to reduce 私は減らす必要があります my sugar intake. 私の砂糖の摂取を ／

I had 私は持っていたわ gum issues 歯茎の問題を last month. 先月 ／ Didn't floss enough. 十分にフロスしなかったの ／

I dread 私は恐れています those sharp tools. それらの鋭い器具を ／ Regular 定期的な check-ups are crucial. 歯科検診は不可欠です ／

Absolutely. 絶対に ／ Addressing problems saves 問題に取り組むことは救います pain later. 後の痛みを ／

True. それは真実です ／ Good oral hygiene is 良い口の衛生はあります key. 鍵で ／

Let's promise 約束しよう to floss フロスすることを daily. 毎日 ／

And そして fewer candies? キャンディーを少なく？ ／

Definitely! 確かに！ ／

202

079

Health Care

EPISODE 6

Words and Phrases

☐ **pale**：顔色が青い　☐ **symptom**：症状　☐ **pharmacy**：調剤薬局
☐ **aspirin**：アスピリン　☐ **pop**：飲む　☐ **consultation**：診察
☐ **fatigue**：疲れ　☐ **Get well soon!**：早く良くなってね！

ヘルスケア

Hey Jenn, ねえジェン、you look あなたは見える a bit pale 少し顔色が青ざめているように today. 今日は ／ Any symptoms? 何か症状は？ ／

I don't feel well, Misaki. 私は気分が良くないの、ミサキ ／ I've had a headache 私はずっと頭痛がしているの since morning. 朝から ／

Have you taken あなたは飲みましたか？ any medicine? 何か薬を ／ At a pharmacy, 薬局では、they'd probably recommend 彼らは恐らくオススメしそう aspirin or some painkiller. アスピリンや何らかの痛み止めを ／

I did pop 私は飲みました an aspirin, アスピリンを、but でも it hasn't helped much. あまり効果がないの ／

Sounds like 聞こえるね you might need 君が必要かもしれないように a doctor's consultation. 医師の診察が ／ Better to get an appointment. 予約を取ったほうが良いよ ／

I agree 同意するわ with Albert. アルバートに ／ And until then, それまでは、try to rest. 休んでみて ／ Sometimes it's just fatigue. 時々ただの疲れのこともあるから ／

Maybe. そうかも ／ I've never had to call 私は呼んだことがない a doctor 医者を here. ここで ／ The health care system is 健康ケアのシステムはある a bit different 少し違って from back home. 故郷とは ／

Don't worry, 心配しないで、I can help you with that. 私が手伝ってあげる ／ My mom's a nurse. 私の母は看護師だから ／ She knows 彼女は知ってるわ some good doctors. 何人かの良い医者を ／ Get well soon! 早く良くなってね！ ／

080

Technology

Words and Phrases

- [ ] **release**：発売する
- [ ] **graphics**：グラフィックス
- [ ] **gameplay**：ゲームプレイ
- [ ] **engaging**：魅力的な
- [ ] **augmented reality**：拡張現実
- [ ] **tech advancement**：技術進歩
- [ ] **boundary**：限界
- [ ] **AI = Artificial Intelligence**：人工知能
- [ ] **virtual reality**：仮想現実（略して、VRとも言う）
- [ ] **innovation**：革新、改革

テクノロジー

Have you tried 試してみた？ the new video game 新しいテレビゲームを that was released それはリリースされた recently? 最近 /

Not yet. まだ / Is it any good? それは良いもの？ /

Yeah, it's amazing! ええ、それは素晴らしい！ / The graphics are グラフィックスはある impressive, 印象的で、and そして the gameplay is ゲームプレイはある really engaging. 本当に魅力的で / Plus, さらに、it uses それは使用している augmented reality, 拡張現実を、so だから it feels それは感じる like you're あなたがいるように in the game world. そのゲームの世界に /

Wow, that sounds fascinating! わあ、それは興味深いね！ / With all this tech advancement, この全ての技術進歩を伴って、I wonder 私は不思議に思うの what 何なのかと the next big thing will be. 次の大きなことが /

Me too. 私も / Every year, 毎年、there's そこにはあるわ something new 何か新しいものが there pushing そこで押し広げる the boundaries 限界を of what's possible. 何が可能なのかという /

That's true. それは本当だわ / With AI, virtual reality, and other innovations, 人工知能や仮想現実、そして他の革新技術があることを考えると、the possibilities are endless. 可能性は無限だね /

I can't wait to see 私は見るのが待ちきれないわ what 何を the future holds. 未来が持っているのかを / It's an exciting time それはエキサイティングな時代ね to be alive! 生きていることが！ /

206

081

Time Management

Words and Phrases

☐ **efficiently**：効率的に　☐ **to-do list**：やることリスト　☐ **planner**：手帳　☐ **organized**：整理されていて　☐ **prioritize**：優先順位をつける

☐ **procrastinate**：先延ばしにする　☐ **cram**：詰め込む、一気にやる

☐ **allot time blocks**：時間を区切る　☐ **reward**：報酬を与える

☐ **stick to**：従う、くっつける　☐ **adopt**：採用する

時間管理

Hey Misaki, ねえミサキ、I always notice 私はいつも気がつくの you're あなたがいると on top トップに of your assignments. あなたの課題の ╱ How do you manage あなたはどうやって管理しているの？ your time あなたの時間を so efficiently? そんなに効率的に ╱

Thanks, Kate! ありがとう、ケイト！ ╱ I make 私は作るの to-do lists やることリストを and use そして使うの a planner. 手帳を ╱ It helps それは助けるのよ me stay organized 私がいつも整理されていることを and prioritize そして優先順位をつけることを tasks. 仕事の ╱ I also break 私はまた崩す big projects 大きなプロジェクトを into smaller tasks より小さなタスクに using a specific strategy. 特定の戦略を使って ╱

That sounds like それは聞こえるわ a solid approach. しっかりしたアプローチに ╱ I often procrastinate 私はよく先延ばしをするのよ and end up cramming そして最終的に一気にやるのよ at the last minute. 最後の瞬間に ╱

I used to do 私も以前はそうしていたわ the same. 同じことを ╱ But でも setting specific deadlines 特定の締め切りを設定することは and allotting time blocks そして時間を区切ることは for each task 各タスクに対して helps. 助けになるのよ ╱ Plus, さらに、I reward 私は報酬を与えるの myself 自分自身に when I stick to my plan! 私が私の計画に従ったときに！ ╱

I'll adopt 私は取り入れるわ that strategy. その戦略を ╱ Thanks ありがとう for the advice! アドバイスしてくれて！ ╱

082
School Events and Festivals

082

Words and Phrases

☐**upcoming**：来るべき、間近に来る　☐**stall**：露店、屋台　☐**or something**：か何か　☐**booth**：ブース、出展　☐**divide tasks**：仕事の分担

学校行事と学園祭

Hey, ねえ、have you all heard 皆聞いた？ about the upcoming school festival? 近く開催される学園祭について ／

Yeah, ええ、I saw 私は見たわ the announcement. そのお知らせを ／ It sounds それは聞こえるわ like a fun event. 楽しいイベントのように ／

I heard 私は聞いたわ there'll be そこにはありそうね food stalls, games, and performances. フード屋台とゲームとパフォーマンスが ／

We should plan 僕らは計画をするべき which events どのイベントに to participate in. 参加するのかを ／ How about the talent show? タレントショーはどう？ ／

Sounds great! 良さそうね！ ／ We can prepare 私たちは準備できるわね a dance performance or something. ダンスのパフォーマンスか何かを ／

And そして don't forget 忘れないでね about the club booths. クラブのブースを ／ Our club can showcase 私たちのクラブは披露することができるね our activities. 私たちの活動を ／

Let's meet 会いましょう tomorrow 明日 to discuss 話し合うために the details and divide tasks. 詳細と仕事の分担について ／

Agreed! 賛成！ ／ Let's make sure 必ずするようにしようよ we have 僕たちは持っているように everything 全てを ready 準備ができて for the festival! 学園祭の！ ／

083

Sports Day Preparation

Words and Phrases

☐ **relay race**：リレーの競技　　☐ **tug-of-war**：綱引き　　☐ **coordinate**：調整する　　☐ **sack race**：サックレース（袋に両足を入れてジャンプして進む競技）　　☐ **trip**：つまずく

体育祭の準備

Hey everyone, ねぇ皆、 are you excited あなたたち楽しみにしている？ about the upcoming sports day event? 間近に迫っている体育祭のイベントを ／

Definitely! もちろん！ ／ It's always それはいつもある so much fun. とっても楽しく ／

I heard 私は聞いたわ there'll be そこにはあるだろうと a relay race. リレーの競技が ／ Have you guys practiced? あなたたち練習した？ ／

Yes, うん、 our team is practicing 僕たちのチームは練習するんだ tomorrow 明日 after classes. 授業の後で ／

I'm in 私は入っているの the tug-of-war team. 綱引きのチームに ／ We need to coordinate 私たちは調整する必要があるの our efforts. 私たちの努力を ／

I'm joining 私は参加するの the sack race. サックレースに ／ I hope 私は望む I don't trip! つまずかないように！ ／

Let's give our best 私たちのベストを尽くそう and そして make our teams proud! 私たちのチームに自信を持とう！ ／

Absolutely. 絶対に ／ It's それはあるよ about teamwork チームワークについてで and having a great time. そして楽しもう ／

Can't wait 待ちきれないわ to show 見せることが our skills 私たちの能力を and enjoy そして楽しむことが the spirit 精神を of sports day 体育祭の together! 一緒に！ ／

212

Career Guidance Counseling

084

Words and Phrases

- ☐ **counseling**：カウンセリング ☐ **profession**：仕事
- ☐ **conservation**：保護、保全 ☐ **career path**：仕事の進路
- ☐ **conservationist**：保護活動家 ☐ **qualification**：資格
- ☐ **degree**：学位 ☐ **analysis**：分析

就職ガイダンス・カウンセリング

🧑 Hello, こんにちは、I wanted to talk 私は相談したいです about my future career options. 私の未来のキャリアの選択肢について ／

👤 Of course, Misaki. もちろんです、ミサキ ／ Let's explore 一緒に見てみましょう different professions 異なる仕事を that match それがマッチする your interests. あなたの興味に ／

🧑 I'm passionate 私は情熱があるんです about environmental conservation. 環境保護について ／ What career paths are どんな仕事の進路がありますか？ available? 可能で ／

👤 There are そこにはあります roles 役割が like environmental scientist, conservationist, or even sustainable business management. 環境科学者や保護活動家、さらには持続可能なビジネス管理といったような ／

🧑 What qualifications or skills どんな資格やスキルが do I need? 私は必要ですか？ ／

👤 Most require ほとんどが必要とします a relevant degree and skills 関連する学位とスキルを in data analysis, research, and communication. データ分析や研究、そしてコミュニケーションの ／

🧑 Thank you. ありがとうございます ／ This gives me これは私に与えてくれます a clearer direction より明確な方向性を for my career goals. 私の仕事のゴールのために ／

085

Career Day Presentations

EPISODE 6

Words and Phrases

☐ **career day**：職業研究の日　☐ **engineering**：エンジニアリング、技術
☐ **highlight**：強調する　☐ **educator**：教育者　☐ **detail**：詳しく説明
する、詳しく述べる　☐ **financial management**：財務管理
☐ **potential growth**：潜在的成長　☐ **informative**：有益な、情報が盛
りだくさんな

キャリアデーのプレゼンテーション

Our career day presentations are coming up. 私たちのキャリアデープレゼンテーションが近づいてきたわ / **I'm discussing** 私は話す予定なの **engineering.** エンジニアリングについて /

I've chosen 私は選んだわ **marketing.** マーケティングを / **I'll highlight** 私は強調する **its creativity and communication aspects.** その創造性とコミュニケーションの側面を /

I'm presenting 私は提示するつもりよ **about teaching.** 教授法を / **Sharing** 共有するわ **the impact** 影響を **educators make on** 教育者が与える **students.** 学生に /

I'm focusing on 僕は焦点を当てる **accounting.** 会計学に / **Detailing** 詳しく説明するよ **the role** 役割を **of financial management.** 財務管理の /

We need to include 私たちは含める必要がある **qualifications and skills** 資格と能力を **for each career.** それぞれの職業のための /

Absolutely, その通りだわ、 **and also** そしてまた **emphasize** 強調しないと **potential growth and challenges.** 潜在的成長や試みについて /

Let's make our presentations 私たちのプレゼンをしよう **informative and inspiring.** 情報が盛りだくさんで刺激的な /

Agreed, 賛成、 **showcase** アピールしよう **the diverse paths** 多様な道を **our futures can take.** 僕たちの将来がとることができる /

216

Jealousy and Trust!

086

Words and Phrases

☐**jealousy**：嫉妬　☐**withdrawn**：引っ込み思案　☐**stir up**：かき立てる　☐**foundation**：基盤、基礎　☐**hold dear**：大切にする
☐**genuinely**：本当に　☐**insecurity**：不安定　☐**unbreakable**：壊れない

ジェラシーと信頼！

Andrew, lately you seem アンドリュー、最近あなたは見えるけど more withdrawn. もっと引っ込み思案に ／ Is it それって？ because なぜなら I've been spending time 私がずっと時を過ごしているから with Albert アルバートと for our project? 私たちのプロジェクトで ／

To be honest, 実を言うと、 yes. そう ／ Seeing you with him 君が彼と一緒にいるのを見て stirred up わき起こったんだ feelings of jealousy. 嫉妬の感情が ／ I trust you, 僕は君を信じている、 but sometimes these emotions can be overwhelming. でも時々これらの感情が圧倒的になることがあるんだ ／

I understand. わかるわ ／ Feelings can be tricky. 感情は難しくなりえる ／ But remember, でも覚えておいて、 trust is the foundation 信頼は基盤であると of our relationship. 私たちの関係の ／ Albert is just a classmate, アルバートはただのクラスメイトで、 and our bond is strictly academic. そして私たちの絆は厳密に学問的であると ／ You're the only one あなたはただ一人の人 I hold dear 私が大切にしている in my heart. 私の心の中で ／

I genuinely 本当に apologize 謝るよ for letting my insecurities affect 僕の不安定さが影響を与えてしまって us. 僕たちに ／ Let's always communicate いつもコミュニケーションし続けよう and keep そして維持しよう our bond 僕たちの絆を unbreakable. 壊れないように ／ I promise 僕は約束するよ to work 取り組むことを on my trust. 僕の信頼に ／

087
Communication Breakdown!

Words and Phrases

- **avoid**：避ける　**distant**：距離がある、距離を置いている
- **swamped**：とても忙しい（extremely busyということ）
- **reach out**：連絡をとる　**work through 〜**：〜に取り組む

コミュニケーションがうまく行かない！

Andrew, アンドリュー、lately I feel 最近感じるの like you're avoiding me. あなたが私を避けているように ／ Every time I try to approach you, いつも私があなたに近づこうとすると、you seem あなたは見えるわ distant. 距離があるように ／

It's not that, そうではないよ、Misaki. ミサキ ／ I've just been 僕はちょうどあるんだ really swamped. 本当に忙しく ／ With projects and deadlines. プロジェクトや締め切りで ／ It's overwhelming. それは圧倒しているんだ ／

But でも even a simple text 一つの簡単なテキストや or call または電話は would mean 意味があるわ so much. とっても ／ Just to know ただ知るために you're thinking of me. あなたが私のことを考えていることを ／

I understand, わかるよ、and そして I regret 僕は後悔している not reaching out. 連絡しなかったことを ／ I'm sorry ごめんね for making you feel that way. 君にそう感じさせて ／

Communication is key. コミュニケーションは鍵よ ／ We can't build trust 私たちは信頼を築けないわ without it. それなしには ／ Remember, 思い出して、we promised 私たちは約束した to be there そこにいると for each other. お互いのために ／

You're right. 君の言う通りだよ ／ I promise 僕は約束するよ I'll be better. 僕はもっとうまくやると ／ Let's work さあ取り組もう through this これを通して together. 一緒に ／ I value 僕は尊重する what we have. 僕らが持っているものを ／

088

Love's Challenges!

Words and Phrases

☐ **balance**：バランスを取る　☐ **clash**：衝突する　☐ **adapt**：適応する
☐ **make the most of 〜**：〜を最大限活用する　☐ **quantity**：量
☐ **comforting**：慰めになる　☐ **no matter how ...**：どんなに…でも
☐ **see through 〜**：困難なとき〜をサポートする

EPISODE 6

愛の挑戦！

Andrew, it's been tough アンドリュー、それは大変よね **balancing** バランスを取ることが **college, a part-time job, and us,** 大学やアルバイト、そして私たちの **hasn't it?** そうじゃない？ ╱

It really has. それは本当にそうだね ╱ **Our schedules clash** 僕らのスケジュールは衝突するね **so often.** とても頻繁に ╱ **I wish** 僕は願うんだ **we had** 僕たちが持っていれば良いのに **more time** もっと時間を **together.** 一緒に ╱

I feel 私は感じるわ **the same.** 同じことを ╱ **But I believe** でも私は信じるの **our love is stronger** 私たちの愛がより強いと **than challenges.** これらの課題よりも ╱ **We just need** 私たちはただ必要ね **to adapt** 適応することが **and make the most** そして最大限活用することが **of the moments** その瞬間を **we have.** 私たちが持っている ╱

I agree. 同感だよ ╱ **It's the moments** それは瞬間だ **that count,** 重要なのは、 **not their quantity.** それらの量ではなく ╱ **We'll get through** 僕らは乗り越えるんだ **this** これを **together.** 一緒に ╱

It's comforting 慰めになるわ **to hear that.** それを聞くことは ╱ **Remember,** 覚えておいて、 **distance and time can't weaken** 距離とか時間とかは弱めることができないと **true love.** 真の愛を ╱

I'll always remember. 僕はいつでも思い出す ╱ **No matter how hard it gets,** それを得るのがどんなに難しくても、 **our bond will see us through.** 僕たちの絆で僕たちは苦難を乗り越えるだろう ╱

089

Reconciliation!

Words and Phrases

☐ **reconciliation**：仲直り、和解　☐ **build up**：たまる
☐ **overwhelmed**：圧倒されて　☐ **handle**：対処する　☐ **openness**：
開放性　☐ **let ～ down**：～を失望させる　☐ **from now on**：これから

仲直りしよう！

Andrew, the other day was tough. アンドリュー、この間は辛かった ／ But I want to understand でも私は理解したい your side too. あなたの立場も ／ I know 知っている pressures can build up. プレッシャーがたまることがあると ／

Thanks, Misaki. ありがとう、ミサキ ／ I felt 僕は感じたよ overwhelmed 圧倒されて with university work and my part-time job. 大学の仕事とアルバイトに ／ I handled 僕は対処した it poorly それを下手に and I regret it. そして後悔している ／

It's okay. 大丈夫よ ／ We all have 私たち皆持ってるわ our moments. 私たちの瞬間を ／ But it's crucial でも大切よね for us 私たちにとって to share 分かち合うことは our feelings, 私たちの気持ちを、 even たとえ when it's hard. 辛いときでも ／ Openness can help. 開放は助けになるわ ／

I know. わかってるよ ／ I should've communicated better. もっとうまくコミュニケーションを取るべきだった ／ I'm truly sorry 本当にごめんね for letting you down. 君を失望させて ／

Apology accepted. 謝罪は受け入れたわ ／ Just remember, ただ覚えてて、 every challenge 全ての挑戦は we face together 私たちが一緒に直面する makes us stronger. 私たちを強くするわ ／ Our bond is special. 私たちの絆は特別よ ／

You're right. 君は正しい ／ I promise 僕は約束する to be more open もっとオープンになると from now on. これからは ／ Together, 一緒に、 we can handle anything. 僕たちは何でも対処できる ／

090
Relationship Milestone!

090

Words and Phrases

☐ **milestone**：マイルストーン、道しるべ　☐ **whole year**：1年間
☐ **Time flies.**：時間があっという間に過ぎる。　☐ **vividly**：鮮やかに
☐ **grateful**：感謝している

交際のマイルストーン！

Andrew, can you believe アンドリュー、信じられる？ it's been one whole year 丸1年が経ったわ since we met? 私たちが出会ってから ／

Time truly flies! 時間は本当にあっという間だね！ ／ I still remember 僕はまだ覚えているよ our first conversation 僕らの最初の会話を so vividly とっても鮮やかに just like it was yesterday. ちょうど昨日のように ／

Me too. 私も ／ We've grown 私たちは成長したわ so much とても together. 一緒に ／ This relationship has taught me この関係は教えてくれた a lot たくさん about love, patience, and understanding. 愛や忍耐、そして理解について ／

And for me, そして僕にとって、 every day 毎日が with you 君といる has brought 持ってきたよ joy, laughter, and a deeper sense 喜びや笑い、そしてより深い感覚を of belonging. 親密な関係の ／ I'm truly grateful 僕は本当に感謝している for our bond. 僕たちの絆に ／

Let's celebrate お祝いしましょう this very special day この特別な日を together. 一緒に ／ Maybe revisit できたら再訪してみない？ the coffee shop そのコーヒーショップを where そこで we first met? 私たちが最初に出会った ／

That sounds それは聞こえるよ absolutely perfect. 絶対に完璧に ／ Here's to 乾杯しようよ many more milestones もっと多くのマイルストーンに together! 一緒に！ ／

At Night

Words and Phrases

☐ **Evening.**：こんばんは。（good eveningと同じ）　☐ **back-to-back**：続けて　☐ **doze off**：居眠りする　☐ **nap**：昼寝　☐ **wind down**：リラックスする　☐ **drift off**：眠りに落ちる　☐ **Sweet dreams.**：良い夢を。（Have sweet dreams.ということ）

夜に

Good evening, Lisa. こんばんは、リサ ／ It's been あったね such a long day. とても長い一日で ／

Evening, Misaki. こんばんは、ミサキ ／ You look tired. あなたは疲れて見えるわ ／ Did you have あなたは抱えていたの？ a lot たくさんのことを going on 進行している today? 今日 ／

Yes, I had back-to-back classes はい、連続して授業があったの and then そしてそれから went to the library. 図書館に行ったの ／ I almost dozed off 私はもう少しで居眠りするところだったわ while reading! 読んでいる間に！ ／

Oh, ああ、I hate 私は嫌だわ when that happens. それが起こるときが ／ Sometimes a short nap 時々短い昼寝が can be refreshing. 元気にしてくれるわ ／

True. それは確かね ／ But if I nap now, でももし今昼寝をするなら、I might not sleep 私は眠れないかもしれない well 良くは later. 後で ／ I think 私は思うの it's time for bed. もう寝る時間だと ／

Sounds like a good idea. それは良い考えのように聞こえるね ／ I usually read 私は普段読むの for a bit 少しの間 to wind down. リラックスするために ／ Helps 助けてくれるわ me drift off 私が落ちるのを to sleep. 眠りに ／

I'll try that. それを試してみるわね ／ Thanks for the tip! ヒントをありがとう！ ／

No problem. どういたしまして ／ Good night, Misaki. おやすみ、ミサキ ／

Good night, Lisa. おやすみ、リサ ／ Sweet dreams! 良い夢を！ ／

Winter

冬

登場人物紹介

Andrew
ミサキの恋人

092

Ice Hockey Game Thrills

092

Words and Phrases

☐ **arena**：競技場、アリーナ　☐ **unmatched**：比べ物にならない

☐ **puck**：パック（ホッケーで使われる平たい円盤のこと）　☐ **slapshot**：小さくて力強いスイングによる速いショット　☐ **precision**：精度

☐ **shootout**：最後に勝敗を決めるペナルティショット

アイスホッケー試合のスリル

The energy そのエネルギーは in a hockey arena ホッケー競技場の is unmatched! 比べ物にならないわ！ / The speed, the sounds... その速さ、その音… it's exhilarating! それはとても刺激的！ /

I love 私は大好き the thrill そのスリルが when the puck hits パックが当たったときが the net. ネットに / The skill 技術は of the players プレイヤーの is incredible. 信じられない /

The slapshot goals スラップショットゴールは from the blue line ブルーラインからの are あるわ my favorite. 私のお気に入りで / Such precision! ものすごい精度！ /

The body checks, ボディー・チェック、puck control, パックコントロール、and そして overtime periods オーバータイム・ピリオドは are ある pure excitement! 純粋な興奮で！ /

Japan has hockey, 日本にはホッケーがあるよ、but でも the level here is ここのレベルはあるね next-level! その次のレベルで！ /

Wait 待ってて till you see あなたが見るまで a shootout. シュートアウトを / Pure drama! 純粋なドラマよ！ /

Let's watch 見よう a live game. 生の試合を /

093

Choosing Your Favorite Sports Team

Words and Phrases

☐ **grow up ...ing**：…して育つ　☐ **stuck with ～**：～にくっついて離れない　☐ **geography**：地理　☐ **matter**：重要である　☐ **initially**：最初は

EPISODE 7

233

一番好きなスポーツチームを選ぶ

Guys, 皆、**with so many sports teams** たくさんのスポーツチームがあって **here in Los Angeles,** ここロサンゼルスには、**I'm honestly overwhelmed.** 私は正直言って圧倒されているの／ **How did you choose** どうやって選んだの？ **your favorite team?** あなたが一番お気に入りのチームを／

Honestly, it's about family tradition. 正直言って、それは家族の伝統に関しているの／ **I grew up** 私は育った **watching** 観て **the Lakers** レイカーズを **with my dad** 私の父と **every weekend.** 毎週末に／ **The bond just stuck** その絆だけは残っている **with me.** 私と一緒に／

For me, 私にとっては、**it's not just about the team's history.** チームの歴史だけではないの／ **It's about the players' passion** それは選手の情熱についてよ **on the field.** フィールド上の／ **I absolutely love** 私は本当に好きよ **teams** チームが **that play** それはプレイする **with all their heart,** 心を込めて、**like the Dodgers.** ドジャースのように／

Geography matters too, Misaki. 地理的なことも重要だよ、ミサキ／ **I naturally support** 僕は自然にサポートしている **the Kings** キングスを **because** なぜなら **they're from Los Angeles** 彼らがロサンゼルス出身だから／ **Plus,** 加えて、**attending** 参加することは **their live games** 彼らの生の試合に **is** ある **an exhilarating experience!** とても興奮する経験で！／

Thanks for sharing your reasons! あなたたちの理由を共有してくれてありがとう！／ **Maybe** 多分 **I'll follow** 私はフォローするだろうね **multiple teams** 複数のチームを **initially,** 最初は、**then** それから **decide** 決めるでしょう **on my favorite.** 私の一番のお気に入りを／

234

094

Talking about Favorite Books

Words and Phrases

☐**sacrifice**：犠牲　☐**coastal**：沿岸の　☐**vivid**：鮮やかな
☐**phenomenal**：驚異的な　☐**intertwined**：交差させた
☐**intriguing**：興味深い　☐**be engrossed in ～**：～に夢中である
☐**all-time**：今までの　☐**imagery**：像、イメージ　☐**enchanting**：魅力
的な　☐**thought-provoking**：思考を促すもの（provoke：相手にけしかける）

一番好きな本について話す

Have any of you read 皆の中で誰か読んだことがある？ the novel 小説を "The Silent Waves"? 『サイレント・ウェーブス』という ／ It's それはある a beautifully written tale 美しく書かれた物語で about love and sacrifice. 愛と犠牲について ／

I've heard of it! 私はそれを聞いたことがある！ ／ Isn't it set それは設定されていなかった？ in a coastal town 沿岸の街で in Japan? 日本の ／ The descriptions are supposed to be vivid. その描写は鮮やかであると言われている ／

Yes, I read はい、私は読んだ it それを last summer. 去年の夏に ／ The character development is キャラクターの発達はある phenomenal. 驚異的で ／ The way その方法は the author intertwined その著者が交差させた the characters' lives キャラクターの人生を was captivating. 魅力的だった ／

I haven't read 僕は読んでいない that one, その1冊を、but it sounds intriguing. でもそれは興味深く聞こえる ／ I've been engrossed in 僕は夢中になっている historical fiction 歴史小説に lately. 最近は ／ They offer それらは提供する such a rich window とても豊かな窓を into the past. 過去への ／

Definitely, Albert. 確かに、アルバート ／ Reading transports 読むことは運ぶ us 私たちを to different worlds. 異なる世界へ ／ What's 何？ everyone's all-time favorite book? 皆の今までで一番のお気に入りの本は ／

Mine's 私のは "The Luminous Landscapes". 『ルミナス・ランドスケープス』よ ／ The imagery is just enchanting. そのイメージはただただ魅力的なの ／

I loved 私は大好きだった **"Whispers of Time".**『タイムのささやき』が ／ **It's** それはある **a touching journey** 感動的な旅で **through generations.** 世代を通して ／

 For me, 僕にとって、**it's** それはある **"Echoes in the Canyon".**『キャニオンの反響』で ／ **It's both** それは両方である **thrilling and thought-provoking.** スリリングで思考を促すもので ／

Column 19 I wish ＋主語＋過去形

　Unit 088でI wish we had more time together.「僕たちはもっと時間を一緒に持っていれば良いのに。」という表現が出てきます。このI wish ＋主語＋過去形という表現はとてもよく使います。

　現実と違うことを「～なら良いのになあ」と仮定していますので、いわゆる仮定法過去です。こう聞くと難しく感じるかもしれませんが、英語では、unreal conditionals（現実ではないことの仮定）と言います。まさに英語のほうがわかりやすい言い方だと思うのですが、すなわち、**現実にないことを仮定していう場合は、過去形で言う**、ということなのです。

　「君のような彼女がいたら良いのになあ。」はI wish I had a girlfriend like you.と言えます。こんな感じで結構便利ですよ。

tips

　日本人が海外旅行して、厄介な問題の1つがチップ（tips）の習慣でしょう。イギリス・オーストラリア・ニュージーランド・アイルランドなども日本と同じで、チップの習慣はありません。ただ、イギリスなどでは、高級なお店ではウェイターにチップをあげることがあります。一般的には、英語圏で、車が左側を走っている国には、チップはないということですね。

　しかし、アメリカやカナダでは、当たり前にある習慣です。チップを払わなかったら、再びそのお店に行くのは避けたほうが良いでしょう。

　チップを渡すタイミングはどうすれば良いのでしょうか。チップは店員さんのサービスに対する感謝の気持ち、心づけというのが基本的な考えですので、**仕事が済んだ後**に渡すものと考えてください。また、ファーストフード店のような、サービスの関係のないお店では、基本的にチップは必要ありません。

　それでは、いくらぐらい渡すべきでしょうか。「レストラン」の場合は、勘定書の**約15%**が基本です。あくまでも、自分のテーブルを担当してくれたウェイターに渡すので、レジではなく、テーブルの上に置いていきます。ただし、勘定書にすでに**gratuity**（心づけ＝チップのこと）などと書かれている場合は、その必要はありません。

095

Sharing Travel Experiences

EPISODE 7

Words and Phrases

☐ **botanic garden**：植物園　☐**iconic**：象徴的な　☐**canal**：運河
☐**backpacking**：バックパックを背負って旅行する　☐**eye**：目を向ける
☐**road trip**：車で旅に出ること　☐**scenic**：絶景の　☐**unparalleled**：
並ぶものがない

239

今までの旅行経験について

Last summer, 昨年の夏、**I traveled** 私は旅行した **to Sydney, Australia.** オーストラリアのシドニーに ／ **The harbor views were stunning!** 港の景色は気絶するほど美しかった！ ／

I've been 私も行った **there!** そこに！ ／ **Did you visit** あなたは訪れた？ **the Royal Botanic Garden?** ロイヤル植物園を ／

Yes! はい！ ／ **I also took** 私はまた乗った **a ferry** フェリーに **to see** 見るために **the Sydney Opera House.** シドニーオペラハウスを ／ **It was** それはあった **an iconic experience.** 象徴的な経験で ／

That's それはある **on my bucket list.** 私のバケットリストに ／ **I went to Europe** ヨーロッパへ行った **last winter.** 去年の冬 ／ **The architecture** 建築は **in Paris** パリの **and** そして **the canals** 運河は **in Venice** ヴェネツィアの **were** だった **enchanting.** 魅力的で ／

Sounds amazing! それは素晴らしそう！ ／ **I've always wanted to go** 僕はいつも行きたかった **backpacking** バックパックで **in Europe.** ヨーロッパを ／ **Misaki, any plans** ミサキ、何か計画は？ **to explore** 探索するための **more** もっと多くの場所を **of the US?** アメリカの ／

Absolutely! その通りね！ ／ **I'm eyeing** 私は考えている **a road trip** ロードトリップを **along the Pacific Coast Highway.** 太平洋沿岸ハイウェイに沿って ／ **The scenic views are said to be** 絶景の眺めは言われている **unparalleled.** 並ぶものがないと ／

You'll love it. あなたはそれをすごく好きになるでしょう ／ **Don't miss** 見逃さないで **the sunset** 夕日を **at Big Sur!** ビッグサーでの！ ／

Sharing 共有することは **these stories** これらの話を **makes me** 僕にさせる **want to pack** 荷造りしたいと **my bags** 僕のバッグを **right now!** 今すぐ！ ／

096

Election

Words and Phrases

☐ **Congress**：アメリカの国会（イギリスはParliament、日本はDietと異なるので要注意）　☐ **ruling party**：与党　☐ **dynamic**：動向、ダイナミックス、動力学　☐ **pronounced**：顕著な　☐ **policy**：政策　☐ **keep tabs**：目を光らせる　☐ **candidate**：候補者　☐ **ripple effect**：波及効果
☐ **informed**：情報に通じた　☐ **proactive**：先回りした

EPISODE 7

241

選挙

Did you hear 聞きましたか？ **about the recent election results?** 最近の選挙結果について ／ **It's going to affect** それは影響を与えるでしょう **the balance** バランスに **in Congress.** 議会の ／

Yes, I noticed. はい、気づきました ／ **Back in Japan,** 日本のことを思い出すと、 **the ruling party also influences** 与党も影響を与えます **our political dynamics** 私たちの政治的動向に **a lot.** 大きな ／ **But here,** しかしこちらでは、 **the role** 役割が **of Congress** 議会の **seems** 感じられます **more pronounced.** もっと顕著に ／

True. 本当ですね ／ **And with this election,** そしてこの選挙とともに、 **there might be** そこにはあるかもしれません **shifts** 変更が **in various policies.** 様々な政策に ／ **Have you been keeping tabs** 目を光らせていますか？ **on any specific candidates or issues?** 特定の候補者や問題に ／

Although I can't vote, 私には投票する権利はありませんが、 **I was interested** 私は関心がありました **in environmental policies.** 環境政策に ／ **It's** それはあります **a global concern,** 世界的関心で、 **after all.** 結局は ／

Absolutely. 確かに ／ **Policies** 政策は **here** こちらの **can have** 持つことができます **ripple effects** 波及効果を **worldwide.** 世界中に ／

That's true. それは正しいです ／ **It's crucial** それは重要です **to stay informed and proactive.** 常に情報を得るようにして先回りして行動することが ／

Volunteering

Words and Phrases

☐**bulletin board**：掲示板　☐**for a cause**：理由があって、原因のために　☐**food drive**：余った食べ物を寄付する運動　☐**clean-up**：きれいに掃除すること　☐**align with ～**：～に合致する　☐**be keen on ～**：～に積極的である　☐**fulfilling**：満たしてくれる　☐**combat**：戦う
☐**I couldn't agree more.**：それ以上の同意はできないくらい。→その通りだと思う。

ボランティア

Hi Kate! こんにちは、ケイト！ / **I noticed** 私は気づいたの **the flyer** チラシに **about a volunteer opportunity** ボランティアの機会についての **on the college bulletin board.** 大学の掲示板で / **Have you ever volunteered** あなたはボランティアをしたことがある？ **for a cause?** 理由があって /

Yes, I've volunteered はい、ボランティアをしたことがあるわ **at a local shelter** 地元の避難所で **and helped** そしてお手伝いをした **with feeding and caring for animals.** 動物の給餌と世話を / **It was** それはあった **a heartwarming experience.** 心温まる経験で /

That's commendable. それは賞賛されるべきね / **I'm interested** 私は興味がある **in giving back too.** 恩返しすることにもまた / **Do you have** あなたは持っている？ **any suggestions?** 何か提案を /

Absolutely! 絶対に！ / **Besides animal shelters,** 動物のシェルターの他に、**there are** そこにはある **food drives,** 食品ドライブと、**tree planting events,** 木の植え付けのイベントと、**and community clean-ups.** そしてコミュニティーのクリーンアップ活動が / **Find something** 何かを見つけて **that aligns** それが合致する **with your passion.** あなたの情熱と /

Tree planting sounds intriguing. 木を植えることは魅力的に聞こえる / **I've always been keen on** 私はいつもずっと積極的だった **environmental causes.** 環境の原因に /

It's a fulfilling task. それは満たされる仕事よ / **Plus,** さらに、**it's a fantastic way** それは素晴らしい方法よ **to combat climate change** 気候変動と戦う **and make our surroundings greener.** そして私たちの環境をより緑豊かにすることは /

I couldn't agree more. その通りだと思う /

244

Social Media and Its Impact

Words and Phrases

☐ **negatively**：マイナスに　☐ **cautious**：慎重に　☐ **post**：投稿する
☐ **sweep up**：巻き込む　☐ **viral**：ウイルスの　☐ **well-being**：福祉
☐ **moderation**：節度

SNS とその影響

Jenn, ジェン、I've noticed 私は気づいたんだけど you're quite active あなたがかなり活動的であることに on platforms プラットフォーム上で like Instagram and Facebook. インスタグラムやフェイスブックのような ／ Do you enjoy あなたは楽しんでいる? connecting there? そこで繋がることを ／

Absolutely, Misaki! 絶対に、ミサキ！ ／ Social media helps me SNSは私を助けてくれるわ stay connected 繋がり続けることを with friends, 友達と、share moments, 瞬間を共有し、and そして even keep updated 更新され続けることさえも with news. ニュースと ／ But しかし at the same time 同時に I do have 私は持っている some concerns. いくつかの懸念を ／ What are どう? your thoughts あなたの考えは on social media's influence SNSの影響について on society? 社会に対しての ／

It has それにはある its benefits, その利益が、but でも it can also negatively affect それはまたマイナスに影響する mental health 精神的健康に and そして personal relationships. 個人的な関係に ／

I agree. 私も同意よ ／ There's そこにはある the whole issue 全体の問題が of privacy and data security. プライバシーとデータの安全性の ／ It's それはある crucial 重要で to be cautious 慎重であることが about what we post and share. 何を私たちが投稿し共有するのかについて ／

True. 本当ね ／ It's easy それは簡単よ to get swept up 巻き込まれることは by trends and viral challenges, 流行とウイルス攻撃に、but しかし we must remember 私たちは忘れないようにしなくてはならない to prioritize 優先することを our well-being and real-life connections. 私たちの福祉と実生活の繋がりを ／

Couldn't have said it better. それ以上の良い言い方はできないわ ／ Moderation is key! 節度が鍵ね！ ／

099

Environmental Issues

Words and Phrases

☐ **carbon footprint**：CO₂排出量　☐ **carpool**：相乗りする
☐ **greenhouse gas**：温室効果ガス　☐ **emission**：排出　☐ **plant-based diet**：植物性食品　☐ **degradation**：悪化　☐ **deforestation**：森林伐採　☐ **methane**：メタン　☐ **livestock**：家畜　☐ **alarming**：警戒すべき　☐ **biodiversity**：生物多様性　☐ **the tip of the iceberg**：氷山の一角

環境問題

099

Hey Albert, ねえアルバート、I was curious 私は興味があるわ how どう you contribute あなたは貢献しているのか to environmental conservation? 環境保全に ／

I recycle, 僕はリサイクルする、use 使う reusable bags, 再利用可能な袋を、and そして conserve 節約する water and electricity. 水と電気を ／ I also try to educate 僕は教えようともしている my friends and family 友達と家族に about the importance of reducing 減らすことの重要性について their carbon footprint. 彼らのCO₂排出量を ／

That's great! それは素晴らしい！ ／ I've started 私は始めた using public transportation 公共交通機関を使うことを or また carpooling 相乗りすることを to reduce greenhouse gas emissions. 温室効果ガスの排出を減らすために ／

Have you also considered 考えたこともある？ adopting a plant-based diet? 植物性食品を取り入れることを ／ It's one of the best ways それは最善の方法の1つだよ to decrease environmental degradation. 環境の悪化を減らすための ／

It reduces それは減らす water usage and deforestation, 水の使用量と森林伐採を、right? そうでしょう？ ／

Exactly! その通り！ ／ Plus, さらに、it helps それは役に立つよ in cutting down 減らすのに on methane emissions メタン排出量を from livestock. 家畜からの ／ What do you think どう思う？ about the current climate change crisis? 最近の気候変動の危機について ／

It's alarming. 警戒すべきだわ ／ Rising sea levels 海面の上昇 and そして loss of biodiversity are 生物多様性の喪失はあるわね just the tip of the iceberg. ただの氷山の一角で ／

100

Seeking Academic Guidance

Words and Phrases

- **assist**：お手伝いをする 　□ **feel free to …**：遠慮なく…してください
- **unsure**：不確かな 　□ **elasticity**：弾力性（伸び縮みすることが由来。ゴム輪はelastic band） 　□ **fluctuation**：変動 　□ **tutorial**：チュートリアル、個人指導 　□ **incredibly**：驚くほどに

学術的なガイダンスを求めて

Good afternoon, Professor Smith. こんにちは、スミス教授 ／ **I'm Misaki, from your Economics class.** 私はミサキで、あなたの経済学のクラスの生徒です ／

Hello, Misaki. こんにちは、ミサキ ／ **How** どのように？ **can I assist you?** 私はあなたのお手伝いをしましょうか ／

I've been studying 私は勉強しています **the recent chapter,** 最近の章を、 **but** でも **I have** 私は持っています **a question.** 1つ質問を ／

Of course, もちろん、 **feel free to ask.** 遠慮なく聞いてください ／

I'm unsure 私は確かではありません **about the concept** その概念について **of supply elasticity.** 供給弾力性の ／ **Could you clarify?** 明らかにしていただけますか？ ／

Certainly. いいですよ ／ **It measures** それは測ります **how much quantity supplied** どれだけたくさんの量が供給されると **changes** 変わるのか **with price fluctuations.** 価格の変動が ／

Thank you. ありがとうございます ／ **Also,** それと、 **I'd appreciate** 私は感謝するでしょう **additional resources** 追加の資料に **to deepen** 深めるために **my understanding.** 私の理解を ／

I can suggest 私は提案できます **some readings and online tutorials.** 何冊かの書籍とオンラインの個人指導を ／

That would be それはあるでしょう **incredibly helpful.** 驚くほどの助けに ／ **I value** 私は高く評価します **your guidance.** あなたのご指導を ／

Don't hesitate 遠慮しないでください **to reach out.** 連絡することを ／

101

Academic Essay

Words and Phrases

☐ **essay**：論文　☐ **struggle with 〜**：〜に手こずる　☐ **outline**：概要　☐ **expand**：展開する、拡げる　☐ **give 〜 a shot**：〜を試す　☐ **hook**：掴み、ホック　☐ **thought-provoking**：示唆に富む、考えさせる　☐ **ace**：うまくやる、成功する（「成績でAをたくさん取る」ことを表すAの複数形「As」が、転じてaceとなった）

アカデミック・エッセイ

Hey, ねえ、have you finished 終わったの？ the essay その論文を for Professor Johnson's class? ジョンソン教授の授業の ／

Not yet. まだだわ ／ I'm still working on 私はまだ取り組んでいる it. それに ／ What about you? あなたはどう？ ／

I completed 私は完成した mine 自分の分を yesterday. 昨日 ／ Do you need あなたは必要？ any help 何か手助けが with it? それの ／

That's great! それは素晴らしいわ！ ／ I'm struggling 私は手こずっていて with organizing 整理することに my ideas. 私のアイディアを ／ Any tips? 何かアドバイスは？ ／

Sure, ええ、try やってみて creating 作ることを an outline 概要を first. 始めに ／ Break down 分解して the main points その要点を and then そしてそれから expand 拡げて on each. それぞれを ／ It'll make それはするでしょう writing 執筆を easier. より楽に ／

Thanks, ありがとう、I'll give that a shot. やってみるわ ／ How どのように？ do you usually start あなたは普段始める your essays? あなたの論文を ／

I often begin 私はよく始める with a strong hook, 強力な掴みから、like a surprising fact or a thought-provoking question. 驚くべき事実や考えさせられる質問のような ／ It grabs それは掴む the reader's attention. 読者の注意を ／

Good point. 良いポイントだわ ／ I'll work on 私は取り組む that. それに ／

We're 私たちはいるわ in this これに together. 一緒に ／ Let's both ace 二人とも成功させましょう this essay! この論文を！ ／

102
School Project Exhibition

Words and Phrases

☐ **go ahead**：前に進める　☐ **urban**：都市の　☐ **objective**：目的、目標　☐ **delve**：掘る、掘り下げる　☐ **implementation**：実装、導入
☐ **well-structured**：よく構造化されている、よく構成されている
☐ **commitment**：献身

学校のプロジェクト展

Good afternoon, Professor Johnson. こんにちは、ジョンソン教授 ／ **I'm excited** 私は楽しみにしています **to present** プレゼンをするのが **my project** 私のプロジェクトを **at the school project exhibition.** 学校のプロジェクト展で ／

Good afternoon, Misaki. こんにちは、ミサキ ／ **I'm looking forward** 私は楽しみにしています **to your presentation.** あなたのプレゼンを ／ **Please** お願いします **go ahead.** 始めてください ／

Thank you. ありがとうございます ／ **My project focuses on** 私のプロジェクトは焦点を当てています **sustainable urban planning.** 持続可能な都市計画に ／ **I'll start** 私は始めましょう **with a brief explanation** 短い説明から **of its objectives** その目的の **and then** そしてそれから **delve** 掘り下げます **into the implementation steps.** 導入の段階に ／

Sounds intriguing. 面白そうです ／ **Feel free to share** 気兼ねなく共有してください **your findings** あなたが見つけたことを **and any challenges** そしてどんな課題も **you encountered.** あなたが直面した ／

（**Misaki begins** ミサキは始める **her presentation.** 彼女のプレゼンを ／）

Misaki, your presentation is ミサキ、あなたのプレゼンはあります **well-structured and informative.** よく構成されていて情報に富んでいます ／ **You've clearly put** あなたは明らかに注ぎ込んでいます **a lot of effort** たくさんの努力を **into this project.** このプロジェクトに ／

Thank you, ありがとうございます、**Professor.** 教授／**I aimed** 私は目指しました **to address** 対処するように **urban sustainability issues** 都市の持続可能性問題に **in a practical way.** 実践的な方法で／

Your work reflects あなたの仕事は投影しています **dedication.** 熱心さを／**I'm proud** 私は誇りに思います **of your commitment** あなたの献身を **to academic excellence.** 学術性の素晴らしさに対する／

I appreciate 私は感謝します **your guidance and support.** あなたのご指導とサポートに／

Column
21

謝る・許す・仲直りの表現

◆謝る
I'm really sorry! 「本当にごめんなさい！」
Will you ever forgive me? 「許してくれますか？」
Won't you forgive me? 「許してくれない？」
Forgive me for being so rude. 「とても失礼でした。ごめんなさい」

◆許す
No worries! / Don't worry about it! 「心配しないで！」
Let's forget it! 「忘れましょう！」
Never mind! 「気にしないで！」
Of course I forgive you. 「もちろん、許すさ！」

◆仲直り
Let's make up! 「仲直りしよう！」
Let's be friends again! 「再び友達になろう！」

「笠原訳」の基本ルール

　もう少しで本書は終わりです。あと少し頑張ってくださいね。

　最後のコラムでは、「笠原訳」のタイミングと訳し方について補足しておきます。スムーズに読めるかどうかによって適宜調整していますが、主に以下のようなルールで笠原訳を作るように心がけています。

①主語＋動詞の後
He has 彼は持っている
She is 彼女はいます

②目的語の後
He has 彼は持っている two cats. 2匹の猫を ／
→「彼は持っている」と言われると「何を持っているの？」と疑問が生まれます。目的語はその疑問の回答になります。

③補語の後
She looks 彼女は見える tired. 疲れているように ／
→「彼女は見える」と言われると、「どんなふうに？」と聞きたくなります。その疑問に答えてくれる言葉が続きます。

④形容詞句や副詞句などの修飾句の後
She is 彼女はいます in Los Angeles ロサンゼルスに now. 今 ／
→「彼女はいます」と言われると、当然「どこに？」と疑問が生まれます。副詞句を用いてその疑問に回答します。

⑤先行詞と関係代名詞・関係副詞の間
The waiter ウェイターは who has just been hired その人は雇われたばかりです
→who：その人（たち）は
　whose：その人（たち）の、それ（ら）の
　whom：その人（たち）を、に
　that：その人（たち）・それ（ら）は、を、に
　which：それ（ら）は、を
　where：そこで
　when：そのとき

103

Making Sacrifices!

EPISODE 7

Words and Phrases

☐**skip**：スキップする、飛ばす ☐**miss out on**：逃す ☐**turn down**：断る ☐**extra shift**：追加のシフト ☐**priceless**：かけがえのない、価値がある

犠牲にする！

Andrew, I've decided アンドリュー、私は決めたわ to skip スキップすることを the upcoming weekend trip これからの週末の旅行を with my classmates. クラスメイトとの ／ I want to be 私は居たいわ with you あなたと at your sister's graduation. あなたの妹の卒業式で ／

That's very sweet それはとても優しいね、of you, 君は Misaki. ミサキ ／ But honestly, でも正直に言って、I don't want 僕は望まない you to miss out 君が逃すことを on your fun. 君の楽しみを ／

Our moments 私たちの瞬間は together 一緒の mean more もっと意味があるわ to me. 私にとっては ／ Besides, there'll be さらに、そこにはあるでしょう other trips 他の旅行が in the future. 将来 ／

Actually, 実は、I've also turned down 僕は断ったんだ an extra shift 追加のシフトを at my part-time job アルバイトで next week. 来週 ／ Let's spend 僕たちは過ごそう that entire day その丸一日を together 一緒に exploring Los Angeles. ロサンゼルスを探索しながら ／

Really? 本当に？ ／ This, right here, これは、まさにここに、is ある what true love is about. 本当の愛がどういうものかが ／ Making sacrifices 犠牲にすることなのね for the ones 愛する人たちのために we cherish. 私たちが大切にしている ／

Absolutely. そうだよ ／ Our time 僕たちの時間は together 一緒の is あるよ truly priceless. 本当にかけがえのないもので ／

258

104

Renewed Commitment!

Words and Phrases

☐ **rewarding**：するだけの価値がある　☐ **wholeheartedly**：心全体から
→心の底から　☐ **true north**：真に重要な目標（もちろん「真の北」という意
味もあるが、昔の船が北極星を頼りに航行していたのは、地球の地軸上に北極星
があって、地球の北半球のどの場所からもいつもぶれずに、同じ位置に北極星が
見えたという事実があった）

更新された約束！

Andrew, it's been quite a journey アンドリュー、それは素晴らしい旅だったね since we met 私たちが出会って以来 at that cozy cafe, あの居心地の良いカフェで、 hasn't it? そうじゃない？ /

Absolutely. 確かに / We've faced 僕らは直面した our share of challenges, 僕らの課題を分かち合うことに but each one has only made our bond stronger. でもその一つ一つが僕たちの絆を強くしただけだった /

I've learned so much 私はとてもたくさん学んだわ about love, patience, and understanding 愛や忍耐、理解について with you. あなたと / Every day feels 毎日が感じる like a rewarding するだけの価値があるように new adventure. 新しい冒険を /

I wholeheartedly agree. 僕は心の底から同意する / Misaki, I want you to know, ミサキ、君に知ってほしい、 no matter what comes our way, 何が僕たちの道に来ようとも、 I'm deeply committed 僕は深く献身している to us, 僕たちに、 to you. 君に /

Thank you, Andrew. ありがとう、アンドリュー / I cherish 私は大切にしている that feeling その気持ちを and feel そして感じる the same. 同じように / Let's keep growing, 成長し続けよう、 learning, 学び続けよう、 and loving, そして愛し続けよう、 together. 一緒に /

Always. いつも / You're my heart's true north. 君は僕の真に重要な目標だよ /

105

Overcoming Obstacles!

Words and Phrases

- ☐ **overcome**：打ち勝つ、乗り越える   ☐ **obstacle**：障害   ☐ **head-on**：正面から   ☐ **determination**：決意

障害を乗り越えて！

Andrew, sometimes I think アンドリュー、時々私は考えるの about the challenges 挑戦について we've faced. 私たちが直面した／

It hasn't always been easy, それは必ずしも簡単ではなかったけどね、especially 特に with cultural differences, studies, 文化的な違いや学び、and distance そして距離について when you went back to Japan. 君が日本に戻ったときの／

Every time, 毎回、we worked through them, 私たちはそれらを乗り越えたわ、facing them head-on. 正面からそれらに立ち向かって／ Your patience has always amazed me. あなたの忍耐はいつも私を驚かせたわ／

And your determination always kept us going. そして君の決意はいつも僕たちを前進させてきた／ Even when times were tough, たとえ厳しいときでさえも、we found 僕たちは見つけてきた strength 力を in each other. お互いの中に／

That's true. それは本当ね／ Our bond has only grown stronger. 私たちの絆はさらに強くなっただけだった／ I've learned 私は学んだ so much たくさんのことを from you. あなたから／

We've faced 僕たちは立ち向かってきた challenges 挑戦に together, 一緒に、and it made our love grow. そしてそれは僕たちの愛を成長させた／ Here's 乾杯しよう to many more! さらに多くのことに！／

106

Graduation Ceremony

Words and Phrases

☐ **bittersweet**：ほろ苦い、甘酸っぱい　☐ **be filled**：満たされている

☐ **grateful**：感謝して　☐ **friendship**：友情　☐ **keep in touch**：連絡を取り合う　☐ **phase**：段階

卒業式

Graduation Day is finally here. 卒業式の日がとうとうやってきたわね ／ **It's** それはあるわね **bittersweet,** ほろ苦く、 **isn't it?** そうじゃない？ ／

Definitely. その通りだわ ／ **These years have been filled** これらの年は満たされていた **with memories and growth.** 思い出と成長で ／

I'm grateful 私は感謝している **for all the friendships** 全ての友情に **we've made.** 私たちが作り上げた ／ **It's hard** それは辛いわ **to say** 言うことが **goodbye.** さよならを ／

But でも **it's also the beginning** それはまた始まりでもあるよ **of a new chapter.** 新しい章の ／ **We'll carry** 僕たちは持っていくだろう **these experiences** これらの経験を **with us.** 僕たちとともに ／

You're right. その通りだわ ／ **Let's cherish** 大切にしましょう **the moments** その瞬間を **and look forward** 楽しみにしましょう **to the future.** 未来を ／

I look forward 私は楽しみにしてるわ **to new adventures and keeping in touch.** 新しい冒険と連絡を取り合うことを ／ **Thank you** ありがとう **all** 皆 **for the wonderful journey.** 全ての素晴らしい旅路を ／

Cheers 乾杯しましょう **to that.** それに ／ **We did it!** 私たちはそれをやり遂げたわ！ ／

Congratulations, everyone. おめでとう、皆 ／ **Here's to the next phase** 新しい段階に乾杯 **of our lives.** 僕らの人生の ／

107
Misaki's Farewell to Her American Family

Words and Phrases

☐ **terribly**：ひどく　☐ **indeed**：確かに　☐ **presence**：存在
☐ **household**：家庭、世帯、家事　☐ **repay**：恩返しする、報いる
☐ **darling**：最愛の人　☐ **from the bottom of my heart**：私の心の底
から

EPISODE 7

アメリカの家族とのお別れ

I can't believe 私は信じられません it's time 時間だなんて to say goodbye. さよならを言う ／ These two years この2年間は with you all あなたたち皆さんと過ごした have been unforgettable. 忘れられないものでした ／

Oh, Misaki, we're going to miss ああ、ミサキ、私たちは恋しくなります you あなたを terribly. ひどく ／ You've become あなたはなりました part 一部に of our family. 私たち家族の ／

Indeed, 確かに、your presence has brought あなたの存在はもたらしました joy 喜びを to this household. この家庭に ／ Remember, 覚えておいて、you always have あなたはいつも持っていると a home 家を here. ここに ／

I'll miss 私は恋しくなるわ our movie nights and cooking experiments! 私たちの映画の夜と料理の実験が！ ／ They were so much fun. それらはとても楽しかったわ ／

Me too. 私も ／ You've all made 皆さんはしてくれました my time here in Los Angeles truly special. ロサンゼルスでの私の時間を本当に特別なものに ／ I hope to repay 私は恩返ししたいです your kindness あなたたちの親切に someday. いつか ／

Just continue to chase ただ追い続けてくださいね your dreams, あなたの夢を、darling. 最愛の人よ ／ We're very proud of you. 私たちはあなたをとても誇りに思っていますよ ／

Thank you, ありがとうございます、from the bottom of my heart. 私の心の底から ／ I'll cherish 私は大切にします these memories これらの思い出を forever. 永遠に ／

Take care, dear. 元気でね、親愛なる人 ／ We love you. 私たちはあなたを愛しているわ ／

108

Long-Distance Relationship!

EPISODE 7

Words and Phrases

☐**synchronize**：同期する　☐**video call**：ビデオ通話　☐**snippet**：
断片　☐**bridge the gap**：ギャップを埋める

遠距離の関係！

You know, Andrew, あのね、アンドリュー、the distance 距離は between Tokyo and Los Angeles 東京とロサンゼルスの間の seems vast, 広大に思える、but with technology, でも技術のおかげで it feels closer. もっと近く感じるわ ／

It does. そうだね ／ I've set 僕は設定したよ my phone 僕の携帯を to Tokyo time 東京の時間に so だから we can synchronize 僕たちは同期できるよ our chats. 僕らのチャットを ／ Those video calls will be それらのビデオ通話はなるよ our dates 僕らのデートに from now on! 今から！ ／

That's sweet of you. あなたって優しいわね ／ We'll have 私たちは食べるでしょう breakfast 朝食を together, 一緒に、even though it'll be dinner たとえ晩御飯になるとしても for you. あなたにとって ／ And I'm planning to send そして私は送ることを計画しているの you あなたに Japanese treats 日本のお菓子を every month. 毎月 ／

And I'll share そして僕は共有するよ snippets 断片を of my life 僕の生活の here. ここでの ／ It won't be easy, Misaki, それは簡単ではないだろうけどね、ミサキ、but our bond でも僕らの絆は is stronger 強くなるよ than miles. マイルよりも ／

Yes, love knows no boundaries. はい、愛は境界を知らないのよ ／ We'll make 私たちはさせるわ this work, これが働くことを、and someday, そしていつの日か、who knows, 誰が知るというの？ we might bridge 私たちが埋めるかもしれないということを this gap. このギャップを ／

Definitely. その通りだね ／ The distance is only a chapter 距離はただの章であって not our entire story. 僕たちの全体の物語ではないんだ ／

109

Misaki's New Challenge

EPISODE 7

Words and Phrases

☐ **found**：設立する　☐ **calling**：使命　☐ **hence**：したがって、それゆえ
☐ **invaluable**：貴重な、計り知れない　☐ **Wishing 〜 .**：〜を願って、祈っ
ています。　☐ **aspire**：志す、目指す　☐ **dare to ...**：あえて…する
☐ **Thank you for having me.**：お呼びいただきありがとうございます。

ミサキの新しい挑戦

🔵 **Welcome, Misaki!** ミサキさん、ようこそ！ / **Tell us** 教えてください **about your journey** あなたの旅について **from studying in Los Angeles** ロサンゼルスでの勉強から **to founding "Green Venture".**「グリーンベンチャー」を設立するまでの /

👩 **Thank you!** ありがとうございます！ / **Studying environmental science** 環境科学を学んだことが **in Los Angeles** ロサンゼルスで **opened my eyes.** 目を開かせてくれました / **I felt** 私は感じました **a calling** 使命を **to contribute** 貢献する **back in Japan,** 日本に戻って、 **hence** それで **"Green Venture" was born.**「グリーンベンチャー」が生まれました /

🔵 **Has your US education contributed** アメリカでの教育は貢献しましたか？ **to your company's success?** あなたの会社での成功に /

👩 **Absolutely!** 間違いなく！ / **The global perspective and practical knowledge** グローバルな視点と実用的な知識は **I gained** 私が獲得した **have been invaluable.** 非常に貴重でした /

🔵 **Your company's quite unique** あなたの会社はかなりユニークですね **here.** ここでは / **How's the response been?** 反応はどうでしたか？ /

👩 **It's been** それはずっとあります **positive!** ポジティブで！ / **People are eager** 人々は熱心です **to learn** 学ぶことに **about sustainable practices.** 持続可能な実践について /

🔵 That's inspiring! それは刺激的です！ ／ Wishing 祈っています "Green Venture" much success. 「グリーンベンチャー」の大成功を ／ Before we wrap up, 私たちが終える前に、could we have もらってもよろしいでしょうか？ some final words いくつかの最後の言葉を from you? あなたから ／ Especially 特に for those その人たちのために who aspire その人たちは志しています to be entrepreneurs? 起業家になることを ／

🔵 Certainly! かしこまりました！ ／ "Chase your passion, 「情熱を追求してください not just success. 成功だけでなく ／ When passion leads, 情熱が先導するとき、success will follow. 成功は後からついてきます ／ Dream big 大きく夢を描いて and そして dare to make a difference!" あえて違いを作ってください！」／

🔵 Beautifully said! 素晴らしいお言葉ですね！ ／ Thank you, Misaki. ありがとうございます、ミサキさん ／

🔵 Thank you ありがとうございます for having me! 私を呼んでいただいて！ ／

Staff
製作協力：Kurt Common、Kayleigh O'Neil、Rebecca Seide、
　　　　　Susan Lucier-Ogawa、香月カグヤ、中久喜泉
カバー・本文デザイン：山口秀昭（Studio Flavor）
カバー・本文イラスト：MAISON YUDA
音声収録：ELEC
DTP：山本秀一、山本深雪（G-clef）

笠原禎一（かさはら　よしかず）

國學院大學文学部卒業。ハートフォードシャー大学大学院修了、MBA（経営学修士号）を取得。サウサンプトン大学大学院修了、MA in ELT（英語教授法修士号）を取得。株式会社バート、および、英語高速メソッドアカデミーを主催。高校生のスーパーサイエンスセミナーなど数々の講演会で講演を行う。サザン・カレッジ・オブ・ビジネス客員教授（フロリダ州）、東京工業専門学校（現第一工業大学）講師、ハワイ・パシフィック大学REP.、クイーンズランド工科大学REP.を歴任する。アメリカの雑誌"MILLENNIUM"では、笠原禎一の特集号が発売され、同誌の表紙を飾る。アメリカで、Albert Nelson Marquis Award、Top Educators Awardをダブル受賞し、ニューヨーク、タイムズスクエアのビルボードにて、セレブレーションされる。著書の「英語高速メソッド」シリーズは、160万部突破のミリオンセラー。日本では、KADOKAWA、新星出版社、宝島社、三笠書房、アスコムから30冊以上が出版されている。台湾では、凱信出版事業有限公司から出版されている。

ストーリーで楽しむ聞き流し5分英会話
英語と日本語が交互に流れる倍速音声付

2024年2月19日　初版発行

著者／笠原　禎一

発行者／山下　直久

発行／株式会社KADOKAWA
〒102-8177　東京都千代田区富士見2-13-3
電話　0570-002-301（ナビダイヤル）

印刷所／株式会社加藤文明社印刷所

製本所／株式会社加藤文明社印刷所

本書の無断複製（コピー、スキャン、デジタル化等）並びに無断複製物の譲渡および配信は、著作権法上での例外を除き禁じられています。また、本書を代行業者などの第三者に依頼して複製する行為は、たとえ個人や家庭内での利用であっても一切認められておりません。

●お問い合わせ
https://www.kadokawa.co.jp/（「お問い合わせ」へお進みください）
※内容によっては、お答えできない場合があります。
※サポートは日本国内のみとさせていただきます。
※Japanese text only

定価はカバーに表示してあります。

©Kasahara Yoshikazu 2024　Printed in Japan
ISBN 978-4-04-606386-1　C0082